BIBLIOTHÈQUE
PHILOSOPHIE CONTEMPORAINE

PSYCHO-PHYSIOLOGIE DU GÉNIE ET DU TALENT

491

PAR

MAX NORDAU

TRADUIT DE L'ALLEMAND PAR AUGUSTE DIETRICH

PARIS

ANCIENNE LIBRAIRIE GERMER BAILLIÈRE ET Cie

FÉLIX ALCAN, ÉDITEUR

108, BOULEVARD SAINT-GERMAIN, 108

1897

PSYCHO-PHYSIOLOGIE

DU GÉNIE ET DU TALENT

PSYCHO-PHYSIOLOGIE
DU GÉNIE
ET DU TALENT

PAR

MAX NORDAU

TRADUIT DE L'ALLEMAND PAR AUGUSTE DIETRICH

PARIS
ANCIENNE LIBRAIRIE GERMER BAILLIÈRE ET Cⁱᵉ

FÉLIX ALCAN, ÉDITEUR
108, BOULEVARD SAINT-GERMAIN, 108

1897

PSYCHO-PHYSIOLOGIE
DU GÉNIE ET DU TALENT

I

MAJORITÉ ET MINORITÉ

Pour toute âme bien née, le philistin est la bête noire. Celui qui se sent la moindre génialité, à peine assez pour justifier le port de longs cheveux et le mépris du despotisme du chapeau tuyau-de-poêle, celui-là exerce ses biceps en frappant sur la tête du philistin, — au figuré seulement, cela va de soi, car le philistin a d'ordinaire un garçon de magasin, en supposant qu'il n'en soit pas un lui-même. Cette hostilité est de la basse ingratitude. Le philistin est utile et a même la beauté relative qui est propre à la parfaite adaptation au but. Il constitue l'arrière-fond perspectif du tableau de la civilisation, sans l'exiguïté artistique duquel les figures pleines du premier plan ne produiraient pas l'impression de la grandeur. C'est là le rôle esthétique du philistin; mais ce rôle, qu'il joue avec autorité, est loin d'être le plus important. Lorsqu'on admire les Pyramides, ne se dit-on pas qu'on les doit au philistin déplorablement méconnu ? Elles ont été vraisemblablement imaginées par un talentueux ingénieur général des ponts et chaussées de l'Egypte ancienne ; mais leur exécution est le fait des enfants d'Israël, bien que ceux-ci aient dû être des natures très ordinaires, si l'on conclut à l'ensemble de leur caractère d'après leur goût bien établi pour les oignons et les pots de viande. A quoi nous servent toutes les conceptions de l'homme de génie ? Elles vivent seulement dans sa tête, pour lui, mais n'existent pas pour nous, tant que le peu intéressant philistin à bonnet de coton n'est pas venu et ne les a pas bravement réalisées, — ce philistin qui ne dépense pas son attention empressée en des découvertes personnelles, mais qui attend, avec une charmante absence d'idées, les impulsions, les suggestions, les ordres de ceux qui ont la vocation. Celui qui se sent apte à créer se regarde en général, à juste raison, comme trop bon pour traduire. C'est l'affaire des esprits d'élite, de penser et de vouloir ; c'est l'affaire de la foule médiocre, de transporter la pensée et la volonté dans les formes du phénomène. Que reproche-t-on encore au philistin ? De ne pas céder facilement à l'impulsion de l'homme de génie ? Mais cela est excellent et doit le faire bénir tout particulièrement encore. Sa lourdeur, son ferme équilibre difficile à ébranler, font de lui un engin de gymnastique, une sorte de palet ou d'haltère à l'aide desquels les natures d'élite doivent essayer, mais aussi déve-

lopper leur force. Assurément, il est dur de mettre
sa masse inerte en mouvement ; mais c'est pour le
génie un exercice salutaire, de s'y appliquer jusqu'à
ce qu'il y parvienne. Lorsqu'une idée neuve n'est pas
apte à manier le philistin, cela prouve évidemment
qu'elle n'est pas assez robuste, qu'elle ne vaut rien,
ou ne vaut rien encore. Si, au contraire, une conception produit sur lui de l'effet, elle a déjà donné
la première et plus importante preuve de son excel-
lence. L'intelligence du philistin est incapable d'examiner et de juger les idées de l'élite ; mais sa force
d'inertie fait de lui un appareil qui, inconsciemment,
et par là même d'autant plus sûrement, opère le tri
entre les idées pleinement développées et capables
de vivre, et celles qui manquent de maturité et de
valeur.

Il serait compréhensible que les philistins se plai-
gnissent ou se moquassent les uns des autres, si l'un
d'entre eux jetait à la tête de l'autre ce nom plein de
mépris, comme un noir en colère traite de « nègre »
un autre noir. En effet, un philistin ne peut rien faire
avec un autre ; il ne peut attendre de lui ni d'être
intéressé, ni d'être amusé ; chacun voit sur le visage
ténébreux de son copain le reflet de sa propre stupi-
dité ; celui-ci bâille à celui-là des récitatifs d'ennui ;
quand deux d'entre eux se trouvent réunis, ils s'ef-
fraient réciproquement du sinistre mutisme de leur
esprit, et éprouvent l'accablante et humiliante sensation de détresse particulière à l'homme habitué à

être conduit, et que son conducteur tout à coup abandonne. Mais l'homme de talent devrait chanter les louanges du philistin. Celui-ci est sa richesse, le champ qui le nourrit. Sans doute, il est dur à cultiver, mais combien fertile ! Il faut péniblement travailler pour le rendre productif; il faut du matin au soir creuser des sillons, enfoncer le soc, tailler, briser, tourner et retourner, râtisser, semer, enchausser, faucher; il faut suer et geler; mais la récolte ne manque pas, quand la semence était susceptible de germer. Assurément, si l'on jette dans les sillons du blé pourri ou des cailloux, il n'y a aucun rendement à espérer; de même, si l'on confie des noyaux de dattes aux rives du Curisch-Haff. Mais si, traité de la sorte, le champ reste mort, ce n'est pas la faute du champ, c'est celle du rêveur qui le traite ainsi. Le jugement doit s'associer au génie, pour lui assigner le temps et le lieu favorables à la manifestation de ses pensées. S'il sait choisir raisonnablement ce temps et ce lieu, il trouvera la masse des philistins toujours prête à répondre aux semailles par la moisson. Chaque fois donc que des génies se trouvent rassemblés autour de leur table de brasserie, leur premier toast, en vertu du droit et de la morale, devrait être pour le philistin.

Quelle est en réalité la grande faute dont on accuse le philistin ? C'est qu'on n'a pas à chercher pour le trouver; c'est qu'il se rencontre en nombre immense; qu'il est la règle, et non l'exception. Si l'on voulait une fois ne pas tenir compte des proportions numériques dans lesquelles il est répandu, et le considérer en lui-même, on serait forcé de reconnaître, pour peu qu'on fût équitable, que c'est un gaillard tout à fait réussi. Il est généralement plus beau qu'un singe même joli, quoique pas aussi beau que l'Apollon du Belvédère, qui, d'ailleurs, serait banal, s'il formait le type moyen de l'humanité ; il est fréquemment plus adroit qu'un caniche même savant, quoique ne pouvant pas faire un clown de cirque, que, d'ailleurs, on mépriserait également pour sa lourdeur, si chaque jeune gars de village était capable de se tenir sur sa tête et de faire des cabrioles, comme il s'avance maintenant avec assurance sur ses deux jambes, et de piquer au mur des mouches à coups de fleuret, comme il construit maintenant des meules à l'aide de la fourche ; il est souvent considérablement plus intelligent qu'une huître et même que le sage éléphant, bien que ne pensant pas de façon si profonde et si pénétrante que Darwin, dont les philosophes de l'avenir n'estimeront cependant pas vraisemblablement les vues plus que nous n'estimons, nous autres, les théories physiologiques de Parménide ou d'Aristote. Qui dit philistin, dit simplement majorité, et ceux qui méprisent celle-ci s'insurgent contre la loi théorique fondamentale de toutes les institutions politiques et sociales.

Sans doute, il y a beaucoup de gens à qui ce délit

non seulement ne fait pas peur, mais qui même
feignent ou éprouvent sincèrement de la prédilection pour lui. Je hais le profane vulgaire et le tiens
à distance, disent-ils avec Horace ; ils proclament
expressément qu'ils font partie de la minorité, et en
sont fiers ; ils affirment sentir autrement, penser et
juger autrement que la foule, c'est-à-dire, en termes
moins dédaigneux, que la majorité, et rien ne leur
paraîtrait plus offensant que de s'entendre décocher
l'épithète de « banals », ce qui pourtant ne dirait
rien de plus, sinon qu'ils sont semblables à la
majorité. Nous rechercherons bientôt d'où vient
cette aversion pour la majorité, et si elle est justi-
fiée ; auparavant, nous voulons examiner si les êtres
dédaigneux qui se refusent à être comptés parmi la
masse, pensent et agissent logiquement. Ils devraient,
s'ils étaient logiques, marquer dans toutes leurs
manifestations vitales leur dissemblance d'avec la
foule et chercher à éviter, par le déploiement de leur
caractère différent, d'être confondus avec la majorité ;
ils devraient afficher d'autres formes de vêtements,
prendre d'autres habitudes, d'autres mœurs, d'autres
idées morales, se mettre constamment au-dessus
des jugements de la majorité. Le font-ils? Non. Ils
font même tout le contraire. Il leur semble de bon
goût de ne pas se faire remarquer, c'est-à-dire de
ne pas se distinguer de la foule méprisée, et ils sont
les premiers à se moquer de ceux qui, comme le
malheureux Oscar Wilde ou comme le Sar Péladan,

ne craignent pas d'attirer l'attention par une mise personnelle et fantaisiste ; ils s'inclinent devant l'opinion publique, et souffrent s'ils se sentent en opposition avec elle ; ils sont les plus solides soutiens de la loi, qui n'est que le résumé des vues du peuple, c'est-à-dire de la majorité, sous forme d'injonctions ; ils défendent le parlementarisme, qui repose sur la reconnaissance du droit qu'a la majorité d'imposer sa volonté à la minorité, et en beaucoup de cas ils s'enthousiasment pour le suffrage universel, qui pourtant n'est que l'apothéose de la banalité. Je n'ignore pas qu'on nage fréquemment avec le courant non parce qu'on a réellement envie de suivre sa direction, mais parce qu'on n'est pas assez fort pour lutter contre lui. Celui qui a trouvé ce proverbe, qu'on doit hurler avec les loups, a voulu exprimer par là une dure nécessité, et non une estime particulière pour les loups. Mais un autre proverbe déclare que la voix du peuple est la voix de Dieu, et introduit par là le philistin directement dans l'Olympe. Et c'est un fait que, même chez celui qui méprise la foule, les plus importantes actions et omissions, ont pour prémisse cette admission implicite, que les vues des gens du carrefour sont, dans leurs grandes lignes, justes et estimables.

Quelques hommes, en si petit nombre qu'on pourrait les compter sur les cinq doigts de la main, ont eu, il est vrai, le courage d'être logiques. L'historien allemand Treitschke vante le despotisme éclairé, ce système sommaire de gouvernement qui compte la majorité pour rien et reconnaît à la minorité, réduite jusqu'à l'unité, le droit de penser et de décider pour tout le peuple. Carlyle prêche le culte des héros et exige la soumission, sans conditions, de la masse à l'individu puissant. Montesquieu se livre à la plaisanterie de déclarer le jury acceptable à une seule condition : c'est que l'opinion de la minorité, et non de la majorité, constitue le verdict, car, parmi douze jurés, il y aura sûrement plus d'imbéciles que de sages, et, en conséquence, le jugement de la minorité sera vraisemblablement celui des sages, et le jugement de la majorité celui des imbéciles. C'est là une façon très incisive d'exprimer l'idée que la sagesse se trouve chez le petit nombre, tandis que la foule est sotte et bornée. Cependant Montesquieu perd de vue que la minorité, comprenant en elle tout ce qui est autre que la masse moyenne, ne renferme pas seulement ceux qui s'élèvent au-dessus du niveau commun, mais ceux aussi qui restent au-dessous, c'est-à-dire, à côté des génies, aussi les crétins, et, à côté des originalités saines, aussi les monstruosités morbides. Les membres de l'Académie sont une minorité presque imperceptible dans la nation, mais les pensionnaires de l'asile d'aliénés national en sont une aussi, et Montesquieu court risque de souhaiter à un savant et à deux idiots la victoire sur neuf médiocres Pierre ou Paul, ce qui serait absurde, comme dirait Euclide. Je soupçonne

même que Carlyle et Treitschke ne méprisent pas
autant la majorité qu'ils en ont l'air, et comme peut-
être ils le croient eux-mêmes. Despotisme éclairé !
Culte des héros ! Hum ! Examinons la chose. Est-ce
que despotisme éclairé ne veut pas dire qu'un génie
régnant amène la masse à entrer dans ses vues et
dans ses desseins, à accepter ses opinions, à partager
ses avis, c'est-à-dire à rétablir, en dernière analyse,
l'accord entre lui et elle ? Et le culte des héros,
n'est-ce pas le désir de voir le héros, c'est-à-dire le
phénomène d'exception, apprécié, célébré, reconnu
par Pierre et Paul ? Cela m'apparaît donc comme
une constante préoccupation de la foule, qui s'accorde
mal avec le prétendu mépris affiché pour elle. Le
dépréciateur du philistin, qu'a-t-il à se soucier de
l'opinion de celui-ci ? Que lui signifient son assenti-
ment et son admiration ? La manière de voir de
Treitschke aurait pour conséquence logique qu'un
Frédéric le Grand, un Joseph II, devraient abdiquer
et laisser le trône à quelque brave homme moyen de
leur famille, des génies de leur envergure étant
trop supérieurs pour s'occuper de la racaille ; ils
n'ont aucun intérêt rationnel à convertir des imbéciles à leurs vues éclairées, et leurs perles ne sont
pas là pour être jetées aux pourceaux. D'après les
idées de Carlyle, un Michel-Ange se déshonore en
exposant le *Moïse* sous les yeux des badauds stupides
de la rue, et un Gœthe en faisant imprimer son *Faust*
à l'usage des demoiselles de la bourgeoisie ; les

1.

applaudissements du troupeau humain, au lieu de
leur paraître désirables, seraient au contraire de
nature à les inquiéter, et ils devraient s'écrier, comme
cet orateur véritablement logique : « On applaudit ?
Ai-je par hasard dit une sottise ? » Donc, un Frédéric
le Grand s'enfermerait dans un de ses châteaux et
n'aurait rien de commun avec la foule vulgaire; un
Gœthe se retirerait dans une île solitaire et déclame-
rait ses vers seulement à ses propres oreilles, et
vive la logique !

Il y a là une contradiction impossible à nier. D'une
part, on prétend mépriser la foule ; de l'autre, on
fait tout en vue d'elle. On dénie à la foule la capacité
de juger les actes de l'homme de génie, et le plus
beau rêve de l'homme de génie est pourtant la
gloire et l'immortalité, c'est-à-dire la reconnaissance
de la foule. On refuse à la foule l'intelligence, et
cependant le parlementarisme, le conseil des prud-
hommes et le jury, l'opinion publique, institutions
qui sont environnées de la plus haute estime,
reposent sur la prémisse que la majorité n'a pas
seulement une sagesse sûre, mais qu'elle est absolument infaillible. On considère comme une dégrada-
tion d'être compté parmi la foule, et l'on est cependant fier, dans toutes les grandes circonstances, de
sentir et de penser exactement comme la foule. Dans
un mouvement d'un haut élan, l'antique Romain ne
trouve rien de plus noble à dire de lui, que ceci :
« Je suis homme, et rien d'humain ne m'est étran-

ger. » Il se serait pourtant peut-être étonné, si un dialecticien cynique d'entre ses contemporains lui eût répliqué : « Tu dis que tu es un homme comme les autres hommes. Tu te vantes donc d'être banal? »

Eh bien! cette contradiction, je crois qu'elle peut s'expliquer. Il m'apparaît, avec une clarté convaincante, qu'elle repose sur une base biologique. La force inconnue, qui organise la matière en êtres vivants, ne produit pas originairement des espèces, mais des individus. Je ne veux pas exposer ici les différentes théories des commencements de la vie, et je ne décide pas si, suivant l'idée courante, s'est formé à un moment donné, de la matière inanimée, un protoplasma vivant, ou si, comme le pense Preyer, la matière a eu de toute éternité pour attribut la vie, comme le mouvement, dont la gravitation n'est probablement qu'une modalité. Qu'il nous suffise de savoir que le point de départ de la formation des êtres vivants produits par la matière, aujourd'hui, se trouve en d'autres êtres vivants qui les ont précédés et desquels ils descendent. La vie est, en dernière analyse, la synthèse et la décomposition de combinaisons albuminoïdes sous intervention d'oxygène; ce fait peut s'accomplir dans les formes les plus diverses, et chaque fois que la nature s'apprête à former un être vivant (pour la commodité seule je m'exprime de cette façon si impropre, si anthropomorphique), elle peut lui donner à son choix un des billions ou

trillions de formes possibles et imaginables. Si donc
elle formait aussi à nouveau les êtres vivants de la
matière élémentaire, il est vraisemblable que chacun
serait différent de l'autre, et qu'il y aurait tout au
plus entre eux la très faible ressemblance résultant
de la circonstance que tous, après tout, devraient
être l'expression, la forme sensible d'une même loi
fondamentale chimique, l'instrument d'une seule et
même fonction. Or, aujourd'hui les êtres vivants, à
notre connaissance du moins, ne naissent plus de la
matière élémentaire par un acte spontané de la
nature, mais sont formés de cette matière par l'in-
termédiaire d'un organisme ancestral. La matière
dont a été formé le nouvel être vivant a traversé un
mécanisme existant, a été maniée par celui-ci, et a
par conséquent reçu de lui des impressions. C'est
une des propriétés de la matière, ou plus exactement
de ses combinaisons, propriété non expliquée, mais
difficilement contestable, de conserver les impressions reçues, les groupements, les formes. Sur elle
se fonde la mémoire chez l'individu, l'hérédité chez
l'espèce. Le nouvel être vivant dont les matériaux
de construction ont été manipulés par un autre être
vivant, conservera donc les impressions qui lui ont
été transmises par celui-ci, deviendra semblable à
lui. Deux lois différentes agissent par conséquent en
lui : la loi vitale primitive, qui tend à créer des organismes autonomes, dissemblables et indépendants
des autres, simplement aptes à former et à décom-

poser les corps albuminoïdes, — travail que d'ailleurs ils peuvent accomplir dans n'importe laquelle
des nombreuses formes possibles, sans avoir nécessairement besoin de ressembler à une forme donnée ;
et la loi d'hérédité, qui s'efforce de rendre le nouvel
organisme semblable à ses parents, dout il est
formé.

Chaque individu est en conséquence la résultante de
l'action de ces deux tendances : la loi vitale primitive
et l'hérédité. La première voudrait créer dé nouvelles
formes aptes aux fonctions vitales ; la seconde, répéter un schéma déjà existant, celui des parents. Je ne
puis trop appuyer sur ceci, que, à mon avis, la
liberté illimitée du choix entre toutes les formes
possibles est l'élément primitif, tandis que la ressemblance avec la forme ancestrale, qui limite cette
liberté, est l'élément intervenu postérieurement.
Cette hypothèse seule peut faire comprendre toute
la théorie darwinienne, qui, sans elle, n'est pas une
explication, mais simplement une constatation de
faits perçus.

En effet, si, comme le croit Darwin et comme le
croit avec lui toute son école de disciples et de com-
mentateurs, l'hérédité était la loi primitive et la plus
importante qui réglât le développement de l'individu,
comment pourrait-on imaginer un écart, une sus-
pension de celle-ci ? Le produit devrait en tout état
de cause rester semblable au producteur, et si les
circonstances extérieures ne le lui permettaient pas,

il n'aurait simplement qu'à périr. Le grand phénomène de l'adaptation à des conditions de vie données,
qui constitue, d'après Darwin, une des causes princi-
pales de l'origine des espèces, demeurerait une énigme
absolument insoluble. Mon hypothèse, au contraire,
offre la solution de cette énigme. L'être vivant, dis-je,
n'est pas plus lié à une forme qu'à une autre, il lui
suffit d'avoir une forme qui lui permette l'absorption
d'oxygène et la production de matières protéiques ;
cette liberté illimitée primitive le rend apte précisément à revêtir la forme qui lui est imprimée par les
circonstances extérieures, de même qu'un corps libre
au repos prend, de toutes les directions possibles, celle
que lui imprime le plus léger choc extérieur. L'organisme ancestral lui donne-t-il sa propre forme :
bien. Alors le jeune organisme prendra la forme
ancestrale. Les conditions extérieures dans lesquelles
il doit vivre cherchent-elles à le transformer, à le
rendre dissemblable de ses parents : bien. Il perdra
la forme héritée, et, obéissant à la nouvelle impulsion, revêtira celle que les conditions de vie extérieure tendent à lui imprimer. De cette façon s'explique l'adaptation qui, d'après cette hypothèse, n'est
plus le contraire, mais l'analogue de l'hérédité [1].

---

[1] Rudolf Virchow a, au Congrès des naturalistes allemands
de 1889, dans une conférence ayant pour objet le darwinisme, développé complètement les mêmes idées. C'est là
pour moi une satisfaction, bien que le grand savant ne m'ait
pas cité, n'ait pas fait la moindre allusion à mes propres
vues.

La biologie, la science de la vie, connaît seulement l'individu, non l'espèce. Celui-là seul est quelque chose de véritablement existant, d'indépendant, de nettement délimité ; celle-ci offre un caractère beaucoup plus vague, il est souvent impossible de la définir avec certitude. Deux individus ne passent jamais l'un dans l'autre, ne se fondent jamais mutuellement dans quelque circonstance que ce soit, même dans les formations tératologiques à la façon des frères Siamois. C'est ce qu'on ne peut pas dire des espèces. Elles sont au contraire à l'état de transformation continue, quoique lente ; leurs limites sont flottantes et effacées jusqu'à être méconnaissables ; elles se développent dans de nouvelles formes et sont à telle époque géologique quelque chose de tout autre que ce qu'elles ont été à une époque antérieure et seront probablement aussi plus tard. Ce qui néanmoins rattache l'individu à l'espèce, c'est la loi de l'hérédité, c'est la propriété primitive que possède la matière de persister dans l'arrangement qu'elle a reçu un jour, et d'y renoncer seulement sous la contrainte d'une nouvelle impulsion plus forte que son penchant à la persistance. L'économie actuelle de la nature ne connaît en apparence que la production de la vie par la vie. Théoriquement, on comprendrait très bien que la vie renaquît toujours de la matière non vivante. Si cela n'arrive pas, la raison en est peut-être que la vie se produit par l'activité des organismes ancestraux avec moins d'efforts que par la combinaison de la matière élémentaire; et c'est une particularité connue, s'étendant à toute la nature, — Leibnitz a été le premier à l'indiquer, mais Karl Vogt l'a, peu de temps avant sa mort, niée à l'aide d'arguments spirituels, — que celle-ci cherche à atteindre chacun de ses buts avec la plus grande économie possible, avec la moindre dépense de forces imaginable. Nous avons ainsi la chaîne logique des phénomènes vitaux : le théâtre de ceux-ci, la forme dans laquelle ils deviennent visibles, c'est l'individu, non l'espèce. Si néanmoins les individus sont semblables les uns aux autres et si l'espèce a une apparence d'existence, cela tient à deux causes : en premier lieu, qu'aujourd'hui, d'après ce que nous savons, la vie procède d'une autre vie; en second lieu, que l'on est sous l'empire de la loi de l'hérédité qui vient d'être expliquée. La descendance d'un organisme ancestral implique des ressemblances et un certain lien entre les individus; la loi vitale primitive implique la différence et l'autonomie de ceux-ci. En fait, il n'y a pas deux individus absolument semblables l'un à l'autre, et tout individu est même probablement, dans le chimisme et le mécanisme le plus intime et le plus mystérieux de ses parties constitutives fondamentales, infiniment plus différent de tout autre individu, que toute espèce de toute autre espèce. (Je me figure, comme essence ultime de l'individu, un rythme particulier de la vibration des atomes et de l'éther qui constituent ses cellules germinatives, et je crois que ce rythme n'obéit pas chez deux individus à la même loi périodique.)

Cela explique aussi la possibilité de l'égoïsme, qu'on ne pourrait ni imaginer ni expliquer, si l'on devait considérer l'espèce comme quelque chose de réellement existant, et non seulement comme une abstraction de l'esprit humain. L'individu se sent originairement seul existant et seul essentiel, et l'évolution supérieure seule de sa pensée lui fait comprendre qu'entre lui et les êtres qui lui sont semblables, il existe des rapports nécessaires, et que certains égards pour ceux-ci favorisent son propre bien-être. Le sentiment de la solidarité n'est donc pas un instinct primitif comme le sentiment particulier ou le sentiment personnel, mais une compréhension acquise ; l'altruisme n'est pas le contraire, mais l'approfondissement et l'élargissement de l'égoïsme, et l'homme parvient à la notion idéale de la solidarité, comme il est parvenu à la notion matérielle de la police et du cadastre : en comprenant leur utilité pour lui.

Maintenant, tout ce raisonnement biologique, qui jusqu'ici a peut-être semblé au lecteur une digression, rentre dans la voie des présentes recherches. La loi de l'hérédité implique la banalité, la loi vitale primitive l'originalité. Les plus basses fonctions, qui sont en même temps les plus nécessaires et partant les plus fréquentes, et que le père et l'aïeul ont cer-

tainement aussi accomplies, tombent sous la loi de
l'hérédité ; les fonctions supérieures et suprêmes, par
contre, dont le besoin se fait rarement sentir et que
l'ancêtre n'a peut-être jamais eu ou n'a eu que très
peu de fois à exercer, de sorte qu'elles n'ont pas
laissé de trace assez profonde dans son organisme
pour pouvoir être transmises par l'hérédité, sont
accomplies de façon autonome et originale. Dans
une situation où il se trouve souvent et qui pour
beaucoup ou pour tous est la même, l'organisme
agit d'une façon banale ; dans une situation qui
s'offre à lui pour la première fois, il fera preuve
d'originalité, s'il ne peut y échapper. Le plus grand
génie comme le plus modeste porteur d'eau mange
avec la bouche et entend avec les oreilles, et le
poète français est en plein dans la vérité, quand il
dit : « C'est imiter quelqu'un que de planter des
choux ». Ces fonctions, les mêmes pour tous les
hommes, sont accomplies de même par tous les
hommes. Au contraire, on apercevra immédiatement
une différence, si l'on met, par exemple, deux
hommes à la tête d'une société comme celle des
« Pères pèlerins », faisant voile sur la « Mayflower »
vers l'Amérique, pour fonder une nouvelle société,
et si on leur trace la tâche de conquérir un monde
inconnu et d'édifier de fond en comble un Etat.

Un organisme seulement chargé de la quantité
moyenne de force vitale, ne parvient jamais à
accomplir les fonctions supérieures et suprêmes ;

il ne recherche aucune situation qui n'ait déjà été
familière à ses ancêtres ; s'il se trouve, contre
sa volonté, placé dans une situation nouvelle, il
s'efforce avant tout d'y échapper ; cela lui est-il
impossible, il s'évertue à la traiter d'après les ana-
logies accoutumées, c'est-à-dire à s'y comporter
comme il a eu coutume de le faire dans d'autres
situations fréquentes, à peu près semblables à la
nouvelle ; et si ce petit expédient ne parvient pas à
le mettre de niveau avec elle, il lui laisse prendre le
dessus et y succombe, à moins que ne vivent en lui
des forces latentes qui n'ont pas eu, dans sa situation ordinaire, l'occasion de se déployer, et que la
nécessité éveille ; il reste donc ainsi toujours enfermé
dans le cercle fatal de l'hérédité, il s'épouvante du
moindre changement de ses lignes de ressemblance
avec ses ancêtres et ses compagnons de médiocrité, et il termine sa vie telle qu'il l'a commencée :
comme un cliché de formes qui l'ont précédé et qui
existent à côté de lui. Mais un organisme dont la
force vitale dépasse la moyenne, ou bien ressent
directement le besoin de nouvelles situations, ou
bien, s'il s'y trouve placé, se les soumet et s'y adapte,
sans se tenir aux exemples donnés ou se laisser
diriger par les habitudes des aïeux. Un pareil organisme grandit triomphalement au-dessus des bar-
rières de l'hérédité, qui n'atteignent qu'à une certaine
hauteur, et, dans un essor auquel ne s'élèvent jamais
les individualités plus faibles, se déploie sans en-

traves en formes personnelles entièrement dissemblables de toutes les autres.

J'ai donc ramené, en dernière ligne, originalité et banalité à la quantité de force vitale. Si l'on ne possède de celle-ci qu'une mesure juste suffisante pour constituer un organisme de type déterminé, on reste dans la forme transmise et l'on aide l'espèce à conserver la physionomie traditionnelle; la possède-t-on en excès, la force vitale triomphe de l'inertie qui retient la matière dans la formation héritée, elle constitue en pleine liberté, d'après sa propre impulsion, sa forme physique et son plan de développement, et l'on peut aller jusqu'à dire qu'elle devient l'origine d'une nouvelle sous-variété de l'espèce. La vie est la plus haute fonction de la matière; sa possession inspire à tous les êtres un respect instinctif, à peu près comme la richesse pécuniaire aux natures vulgaires; or, comme l'originalité repose sur une plus grande richesse de vie, on la reconnaît comme supérieure à la banalité, qui est l'aveu de maigres rentes de force vitale. Voilà pourquoi l'on méprise la banalité et l'on cherche à être original, du moins à le paraître, si on ne peut l'être en réalité. Ne pas vouloir faire partie du troupeau, c'est se donner pour un millionnaire en vitalité. Le mépris pour le philistin est une forme sous laquelle on paie son tribut d'admiration à la vie. On est beaucoup plus fier d'être ancêtre d'une race qu'héritier, composition qu'épreuve, et l'on tire vanité de figurer comme titre de livre et non point comme page intercalée et portant un numéro d'ordre. Cependant, comme le père le plus apte à la génération est en même temps un fils, et que chaque fondateur d'une nouvelle lignée a des ancêtres qui remontent jusqu'à l'ascidie ou au plasma primitif, même l'individu le plus original se rattache tout de même à l'espèce, la plus puissante exubérance vitale est soumise dans ses fonctions inférieures à la banalité, la contradiction entre l'isolement des natures distinguées et leur fusion occasionnelle avec la foule se dissipe, et, si le philistin le veut, il peut s'enorgueillir de ce que même un Gœthe ou un Napoléon, avec toute leur originalité, ne peuvent pleurer et rire, dormir et se raser autrement que lui.

*
* *

Chez les êtres vivants différenciés sexuellement, la force vitale et sa puissance formative semblent être moindres — ou du moins plus inertes, moins explosives, — chez la femelle que chez le mâle. Pourquoi en est il ainsi, je l'ignore, mais le fait semble prouvé. Darwin a (dans l'*Origine des Espèces*) entassé plusieurs centaines de pages d'observations desquelles il résulte que, chez la plupart des espèces animales, la femelle conserve le type de l'espèce, tandis que les mâles s'en écartent individuellement, souvent d'une façon très considérable. Dans la femelle donc prédomine la loi d'hérédité, dans le mâle la loi de formation particulière, que je considère comme la loi vitale primitive. Ce rapport existe aussi dans l'espèce humaine. La femme, en règle générale, est typique ; l'homme, individuel ; celle-là a la physionomie moyenne, celui-ci une physionomie propre. Sans doute, cette assertion contredit la manière de voir habituelle, mais cette manière de voir est fausse. Elle est née de ce que l'on a ordinairement puisé son idée de la femme dans les poésies et dans les romans. Les poètes, en décrivant la femme, ne sont pas partis d'une observation consciencieuse, mais ont obéi inconsciemment à des excitations sexuelles. Dans les belles-lettres, la femme n'est pas simplement une sobre image scientifique, mais la création idéale d'une imagination d'homme dans l'extase génésique ; le poète ne veut pas décrire, mais faire la cour ; quand il parle de la femme, il n'est pas observateur impartial, mais brigue instinctivement ses faveurs. Cela fausse complètement l'observation, et l'on peut dire que la femme apparaît dans la poésie de tous les peuples et de tous les temps non comme elle est en réalité, mais telle qu'elle semble à un enthousiaste épris. C'est la conséquence naturelle de ce que, primitivement, la poésie a été cultivée par les hommes seuls. Si les femmes avaient inventé la lyrique et l'épopée, il est probable que l'image de la femme en littérature serait devenue impartiale, et pour cette raison assez indifférente. Aujourd'hui que la production des romans, au moins dans certains pays, est à peu près exclusivement un travail féminin, les auteurs du sexe faible aussi reproduisent le portrait idéal de la femme imaginé par l'homme et devenu traditionnel, simplement parce qu'ils sont incapables de s'élever au-dessus de la tradition et de penser de façon originale. « La femme est changeante comme l'onde et diverse », enseigne un philosophe se donnant des airs profonds. « Qui peut se vanter de connaître la femme ! », s'écrie un poète lyrique en montrant le blanc des yeux et en se pourléchant les lèvres dans des réminiscences agréables. « Toute femme est un mystère et une énigme, et aucun de ces sphinx ne ressemble à l'autre », assure un conteur qui nous dévide, à l'appui de son dire, des aunes d'histoires de brigands. Mais tout cela n'est que phrases creuses dont rient précisément les femmes intelligentes, et qui ne plaisent qu'aux sottes, qui les prennent pour des compliments personnels. La femme est infiniment moins diverse que l'homme. Celui qui en connaît une les connaît toutes, à peu d'exceptions. Sa manière de penser, de sentir, même son physique, sont typiques, et Marguerite, Juliette et Ophélie se ressemblent tellement, qu'on pourrait les tenir pour des sœurs dont le tempérament est un peu différent, et l'éducation un peu autre. Ainsi s'explique comment les femmes se trouvent si facilement à l'aise dans toutes les situations sociales. Un valet d'écurie qui est élevé, par la faveur d'une

tsarine, à la dignité de duc de Courlande, reste toute
sa vie imprégné de l'odeur des chevaux. La fille
d'un tambour-major, qui vient à régner, comme
comtesse, sur le cœur d'un roi, ne se distingue en
rien au bout de quelques mois, voire même de quelques semaines, d'une dame née pour prendre place
dans l'almanach de Gotha. Il n'y a pas de parvenues
féminines. Aussitôt qu'une femme s'est assimilé les
formes d'un rang qui lui est nouveau, — et, avec
son sens aigu des extériorités et des détails, elle les
acquiert avec une prodigieuse facilité, — elle est
complètement entrée dans ce rang. C'est qu'entre la
princesse et la blanchisseuse la différence fondamentale est excessivement mince ; l'essentiel chez toutes
deux est la féminité, c'est-à-dire la reproduction
impersonnelle de la physionomie de l'espèce. Miche-
let condense la philosophie de la femme dans un
seul mot, auquel il voudrait donner l'effet térébrant
d'une épigramme : « La femme — dit-il — est une
personnalité. » C'est là une des plus grosses erreurs
de cet auteur ardent et généreux, mais parfois superficiel. C'est le contraire qui est vrai : la femme n'est
pas une personnalité, mais une espèce.

Assurément, il est aussi des femmes que l'on peut
appeler originales. Mais voulez-vous un conseil,
chers lecteurs? Gardez-vous des femmes originales!
L'écart du type chez la femme est, quatre-vingts fois
sur cent, morbide. La femme originale se distingue
de la femme moyenne, comme un phtisique d'un

individu sain. Et dans les vingt autres cas, que je ne
saurais interpréter comme morbides, l'originalité
est une inversion intellectuelle du sexe. Ce qu'on
entend par là, tout le monde le sait. On a le corps
d'une femme, mais le caractère, les idées et les penchants d'un homme, ou réciproquement. Le jugement
populaire ne fait pas fausse route, quand il qualifie
rondement une femme originale de « femme hom-
masse ». Cette expression renferme en elle l'explication
du phénomène. Dès que la femme sort de l'uniformité,
elle perd le principal des attributs psychologiques
de son sexe. Je puis faire remarquer, à l'appui de
cette assertion, que les femmes originales ne font
généralement d'impression que sur les hommes à
physionomie veule, tandis que les mâles à personnalité fortement accusée s'attachent de préférence
aux femmes banales. C'est là un fait si fréquent,
qu'il est bien superflu de rappeler à cette occasion
l'exemple de Gœthe, de Henri Heine, de Byron, de
Victor Hugo, etc. Conclusion : c'est que l'homme
dont la force vitale n'est pas assez puissante pour
créer de nouvelles formes, cherche à satisfaire
inconsciemment, en s'unissant à une femme plus
richement douée que lui, l'instinct fondamental de
l'organisme, c'est-à-dire celui de la formation et du
déploiement individuels; tandis que l'homme mieux
partagé par la nature n'en a pas besoin, et se contente de sa propre originalité.

Au caractère typique de la femme se rattache la

déplorable banalité de ses inclinations. Sans doute,
un homme sortant de l'ordinaire, soit physiquement,
soit intellectuellement, excite, comme tout ce qui est
rare, l'imagination de la femme, et exerce sur elle
une puissante attraction. Mais qu'est-ce que cela
prouve? Rien autre chose, sinon que la femme,
comme tout organisme supérieur, est stimulée et
attirée par ce qui est nouveau. Mais son instinct
primordial la pousse irrésistiblement à ce qui est
ordinaire, et l'homme parfaitement banal, qui ne
s'écarte de la norme ni par une sottise trop évidente
ni par une intelligence particulière, qui dans ses
compliments se tient aux bons modèles, en conver-
sation parle surtout du temps qu'il fait, s'enthousiasme pour les idéals cultivés dans les écoles primaires et hait la « bête noire » désignée à cet usage
par les autorités, qui partage les opinions et les sentiments des notables commerçants et autres patentés
aisés, se tient en outre pour la forme et la couleur de
ses cravates au courant de tous les progrès, ce chef-
d'œuvre d'un Raphaël badigeonnant à travers un
patron, tournera la tête à quatre-vingt-dix-neuf
femmes sur cent, et aucun exemplaire d'homme supérieur dessiné à la main ne peut subsister à côté de lui.

Une fois en plusieurs siècles naît une femme qui
ait de l'ambition. Je prie de ne pas confondre ce
sentiment élevé avec la vanité vulgaire qui cherche
à se faire passer pour tel. Femmes artificieuses voulant dominer, comédiennes, précieuses, pythies de

salons cherchant à briller, s'imaginent parfois elles-mêmes qu'elles sont ambitieuses ; elles ne le sont nullement. Il s'agit pour elles d'un effet immédiat de leur personnalité ; elles veulent procurer à leur bas égoïsme la satisfaction d'être reconnues partout comme belles, élégantes, spirituelles ; elles veulent que beaucoup de femmes les envient, que beaucoup d'hommes tombent à leurs pieds, que dans la rue on se retourne pour les voir et qu'au théâtre on les prenne pour point de mire ; elles n'ont en vue que les faits les plus extérieurs et les plus niais accompagnant la notoriété locale. L'ambition est tout autre chose ; c'est une poussée violente d'incarner son propre « moi » dans une création, dans un exploit, qui lui assurent une existence bien au delà de la durée somatique de l'individu ; c'est une lutte passionnée contre la loi universelle de la caducité des choses, le désir altier de maintenir dans sa forme particulière son propre « moi », que l'on sent avoir sa pleine raison d'être, que l'on sent puissant et nécessaire, et de contraindre la nature elle-même à le respecter. Ce qu'on nomme ambition revient aussi à la loi vitale primordiale, et en est une manifestation extrême ; car cette loi ne tend pas seulement à des formations organiques autonomes, qui n'ont à ressembler qu'à elles-mêmes et à rien d'autre ; mais elle tend, de plus, à l'effort de conserver ces formations, de leur assurer la durée, et même de les élargir en une nouvelle espèce. L'ambition repose sur une exubérance de force vitale que la femme possède bien rarement. Aussi rêve-t-elle de conquêtes, mais non d'immortalité. Elle ne s'occupe que de la compagnie qui peut lui dire à brûle-pourpoint : « Madame, je vous aime ». Quant aux générations non encore nées du lointain avenir, dont les hommages et les bouquets ne peuvent parvenir à elle, sa coquetterie n'a pour ces générations aucun intérêt. Elle n'a pas le désir de s'écarter de l'espèce et d'en fonder une nouvelle dont elle serait l'archétype.

La prédominance de la loi d'hérédité dans l'organisme féminin explique aussi toutes les autres particularités d'esprit et de caractère chez la femme. Elle est presque toujours ennemie du progrès, et le plus ferme soutien de la réaction sous toute forme et en toute matière. Elle reste passionnément attachée au passé et à la tradition, et considère le nouveau, — à moins que ce ne soit, par exemple, une mode qui doive accroître l'effet de ses charmes, — comme une offense personnelle. Reproduisant servilement ce qu'elle a vu faire, elle transforme, dans son intelligence, la religion en superstition, des institutions rationnelles en formes extérieures, des actions pleines de sens en cérémonies vides, et les règles des rapports sociaux, originairement inspirées à l'homme par les égards pour ses semblables, en étiquette tyrannique et sotte. Elle est, à part les rares exceptions que j'ai admises, un automate intellectuel qui doit marcher jusqu'au point d'arrêt, tel qu'il a été remonté, et ne peut changer de lui-même le mécanisme de sa marche.

Maintenant que j'ai exposé les raisons biologiques de la banalité, ma conception des limites de l'originalité s'ensuit d'elle-même. Subjectivement, le droit de celle-ci est illimité; objectivement, il est circonscrit. Quand je suis seul, je puis être original; quand j'entre dans la foule, mon premier devoir de citoyen est de ressembler à tous. Des idées et des actions qui nous regardent exclusivement sont chez chacun de nous affranchies de la tutelle de la tradition; des actes qui empiètent sur le cercle d'existence des autres, doivent se soumettre à la règle de la tradition générale. Sans doute, en vertu de la loi vitale primordiale, je suis un individu indépendant, autonome, en quelque sorte une espèce à moi-même, ne ressemblant entièrement à aucun autre être et me développant seulement selon mes propres formules organiques; mais, en vertu de la loi de l'hérédité, je me rattache cependant par une certaine étendue de ma surface à l'espèce, aux êtres qui, par suite d'une même origine, sont semblables à moi, et cette partie de ma surface n'est pas sujette à ma libre volonté. Il en va à cet égard pour chacun de nous comme pour les frères Siamois. Chaque tête peut penser pour elle-même, gaie ou triste à son gré, intelligente ou sotte selon ses moyens; mais les deux corps doivent marcher ou s'asseoir ensemble. Ces principes ont une vaste application pratique ; ils défendent le suffrage universel ; ils font une révérence à la démocratie ; ils établissent la domination de la majorité dans les affaires de l'Etat et des communes. Mon horizon intellectuel m'appartient à moi seul ; là je ne suis pas forcé de tolérer ce qui me gêne ou ne me plaît pas, et je lance hors de ma vue, de la pointe du pied, le bonnet de coton du voisin, dont la houppe se dresse prétentieusement devant moi comme une cime montagneuse boisée ; mais la rue, la ville, le pays nous appartiennent à tous à la fois ; ici tu es mon frère, digne philistin ; ici j'ai à lire tes désirs dans tes yeux ; ici je ne puis rien faire qui ne t'agrée pas, et si je veux que tu me fasses un plaisir, c'est mon devoir élémentaire de te le dire dans un langage que tu comprennes et de l'appuyer de raisons que tu sois à même de saisir.

Aussi ne peut-il y avoir de politiques, de législateurs, d'hommes d'Etat originaux. Plus chacun d'eux est banal, mieux cela vaut pour lui, mieux cela vaut pour son peuple. Celui qui est appelé à créer des institutions où la masse doit vivre, celui-là doit prendre la mesure de la masse, et non du petit nombre. Le tailleur du régiment travaille d'après des types moyens et non d'après les proportions d'un tambour-major de sa connaissance, et ce qui résulte de là, quand le renard invite la cigogne à dîner et lui présente les mets dans son service de famille, on

peut le lire dans la fable suggestive de Schiller. Le
jeu naturel des forces interdit d'ailleurs de soi-même
toute originalité dans le traitement des affaires de
l'humanité ou d'une nation. On n'a pas besoin d'une
profondeur d'esprit ni d'un don d'observation particuliers pour remarquer que toute assemblée un peu
nombreuse est irrémédiablement médiocre. Réunis-
sez quatre cents Shakespeares, Newtons, Gœthes,
Laplaces, Pasteurs, etc., et laissez-les parler et décider sur des questions concrètes ; leurs discours se
distingueront peut-être, — et encore n'est-ce pas
bien sûr, — de ceux d'un conseil d'arrondissement ;
leurs décisions ne s'en distingueront pas. Pourquoi ?
Parce que chacun d'eux, à côté de son originalité
personnelle, qui fait de lui l'individualité remarquable qu'il est, possède les propriétés héréditaires
de l'espèce qui lui sont communes non seulement
avec ses collègues de l'assemblée, mais aussi avec
tous les passants anonymes de la rue. On peut exprimer cela, en disant que tous les hommes normaux
ont une quantité commune d'égale valeur, que nous
nommerons a, et les hommes éminents une autre
quantité encore, différente dans chaque individu et
que nous devons désigner autrement chez chacun,
soit b, c, d, etc. Quatre cents hommes sont-ils réunis,
fussent-ils tous des génies, nous avons ainsi devant
nous quatre cents a contre un b, un c, un d, etc. Alors
il ne peut arriver autrement que les quatre cents a
battent brillamment le b, le c, le d, etc., c'est-à-dire

que l'élément humain commun mette en fuite l'élément individuel, que le bonnet de nuit de coton recouvre triomphalement le bonnet de docteur. Ce qui diffère ne peut s'additionner, c'est là un principe qu'on apprend dès l'école primaire. Voilà pourquoi on peut bien imaginer un parti d'esprits prudhommesques, non un parti d'hommes de génie. On peut voter à la majorité sur le bon goût de la choucroute, non sur la valeur des différentes conceptions du monde. Si l'on votait sur celles-ci, chacune sans doute obtiendrait une voix, — celle de son auteur.

En fait donc, le philistin est maître dans le pays, et l'original le plus jaloux de son autonomie est contraint de danser en mesure, quand la valse générale a commencé. Le contenu de toutes les institutions publiques et de toute la politique n'est pas fourni par le travail intellectuel d'un John Stuart Mill ou d'un Herbert Spencer, mais par l'idée stéréotypée de l'honorable Pierre ou Paul, qui ne parvient à déchiffrer sa feuille de chou qu'en suivant du doigt chaque mot, et le plus original génie perd sa physionomie et disparaît introuvable dans la grande procession, quand, le jour du vote, la foule afflue aux urnes.

Est-ce que l'homme de génie doit pour cela renoncer à proclamer ses nouvelles idées différentes de tout ce qui est connu jusque-là, à s'efforcer de

les réaliser, à vouloir convertir à elles le philistin?
Nullement. Il ne le doit pas, il ne le peut même pas.
Nous avons vu en effet que toute originalité est
animée de l'instinct incoercible de s'imposer à la
généralité et de former celle-ci d'après elle. Mais ce
à quoi l'homme de génie doit renoncer, c'est à pré-
senter ses idées comme des ordres et à attendre que
l'armée des philistins s'y range comme un régiment
bien dressé. Il doit prêcher, non commander. C'est
là une énorme différence : celle qui existe entre un
missionnaire et un colonel. J'ai dit plus haut que le
philistin est le champ cultivable de l'homme de
génie. L'image me semble si juste, que j'y reviens.
Le penseur original doit se livrer au gros travail
agricole, comme l'éducateur d'enfants doit pratiquer
un délicat jardinage. Celui-ci greffe sur des sauva-
geons des branches mûres nées sur de vieux arbres
améliorés par la culture ; celui-là jette à larges
brassées de la semence de blé, et, après avoir
consciencieusement fumé et hersé le terrain, doit
attendre patiemment, après des mois de croissance
silencieuse, l'apparition de la moisson. Le tout est une
question de temps. L'homme ordinaire veut avoir par
héritage ses idées, et non les acquérir par son propre
travail. On n'a donc qu'à inculquer à une génération
ce que l'on veut voir devenir le patrimoine commun
de la génération suivante. Des représentations et des
associations d'idées que le père, le grand-père ont
déjà eues dans la tête et qui se sont fréquemment

répétées depuis de longues générations, sont devenues une partie constitutive de l'organisme, ont été
organisées, et il ne coûte pas plus d'effort à l'individu
pour les penser, que pour marcher, manger, dormir,
c'est-à-dire pour exercer n'importe quelle autre fonction devenue organique. De nouvelles représentations et associations d'idées, au contraire, qui se
présentent pour la première fois devant l'homme,
dérangent tout le travail de la machine à penser,
rendent nécessaires, pour être admises, de nouveaux
arrangements, réclament de l'attention ainsi que l'intervention de la volonté et de la conscience. C'est
comme dans le tissage mécanique. Lorsqu'on tisse un
ancien dessin en vue duquel la machine est agencée
et l'ouvrier exercé, tout va sans obstacle et comme en
dormant ; l'ouvrier peut s'abandonner à ses rêveries,
tandis que le tissu s'allonge mètre par mètre. Mais
lorsqu'il s'agit d'établir un nouveau dessin, il faut
arranger pour cela le métier, manipuler la chaîne,
donner une autre marche à la navette, le contre-
maître doit intervenir et prêter lui-même la main,
l'ouvrier doit secouer sa paisible somnolence et faire
attention : bref, le travail ne s'accomplit plus tout
seul, mais exige le secours de la main et de la tête.
Les hommes ordinaires sont organisés pour le travail
régulier de la pensée, et ne peuvent en accomplir
un autre. Ils ne sont ni assez forts ni assez habiles
pour faire produire à leur métier un nouveau dessin.
Or, les natures supérieures ont pour fonction non

seulement d'inventer de nouveaux dessins, mais de modifier de fond en comble les métiers de la grande fabrique que l'on nomme l'humanité, de façon qu'ils puissent tisser le nouveau dessin comme ils ont précédemment tissé l'ancien. La foule se défend contre les nouvelles idées, non parce qu'elle ne veut pas les penser, mais parce qu'elle ne peut pas les penser. Cela exige un effort, et tous les efforts sont douloureux ; or, on écarte de soi la douleur.

Ce fait semble contredit par l'observation que la masse, au contraire, est avide de nouveauté, et que tout ce qui offre ce caractère fait chez elle son chemin. Cette contradiction toutefois n'est qu'apparente, comme un rapide raisonnement le démontrera facilement.

Seules les modifications dans notre système nerveux parviennent au sentiment et à la conscience. Si rien ne se passe en lui, le « moi » sentant et pensant n'éprouve non plus rien. Le service des nouvelles dans notre organisme n'est pas établi de façon qu'au centre du « moi » se tienne un surveillant en chef vigilant qui expédie à tout moment des messagers dans les antichambres et dans les cours extérieures, pour s'informer s'il n'y a rien de nouveau ; ce surveillant en chef reste au contraire immobile à sa table dans le cabinet le plus intime, où lui arrivent tous les renseignements du dehors. N'en reçoit-il pas, il demeure tranquille, sommeille même, et ne donne pas signe de vie. Mais si du dehors arrivent ces nouvelles : « On frappe à la porte de droite », ou : « On vient de lancer une pierre contre la fenêtre du premier étage », ou : « Le poste de garde dans l'avant-cour reçoit une fourniture de vivres », etc., le surveillant en chef se réveille et confirme au moins immédiatement que la nouvelle est parvenue et qu'il en a pris connaissance, ou il répond par un ordre prescrivant ce qu'il y a lieu de faire à cette occasion. Si l'on pouvait s'imaginer le monde arrêté dans une complète immobilité, nos nerfs resteraient dans l'état où ils sont, rien n'agirait sur eux, rien ne les exciterait, rien ne produirait en eux une modification capable d'arriver à la connaissance de la conscience. Nos yeux ne verraient point, nos oreilles n'entendraient point. Les avant-postes à la limite extérieure de notre personnalité seraient posés, mais ils n'auraient rien à observer ni à annoncer. Alors nous ne penserions pas non plus, et notre conscience serait plongée comme dans un sommeil sans rêves. Sentir est donc percevoir que, en un district quelconque du système nerveux, un état existant passe en un autre état. Le court laps de temps presque immesurable de la cessation d'un état et du commencement d'un autre, est en réalité tout le contenu de notre monde d'aperception. Il résulte de là que, pour penser, pour devenir conscient de son « moi », l'homme doit être excité ; mais l'excitation n'est amenée que par un changement, c'est-à-dire par quelque chose de nouveau. Et comme la conscience de son propre « moi » est la prémisse nécessaire de toutes les sensations agréables, qu'elle constitue déjà par elle-même un sentiment de plaisir, peut-être même le plus puissant de tous, le nouveau, le changement qui, par l'excitation des nerfs, devient la source de la conscience, est ressenti comme quelque chose d'agréable et avidement recherché. Pour que le changement, toutefois, soit ressenti comme agréable, il ne doit être ni brusque ni violent. Le nouveau, qui excite les nerfs, ne doit différer de l'ancien qui l'a précédé, que très faiblement, seulement d'un degré, d'une nuance. Il doit être le voisin de l'ancien et apparaître comme une continuation de celui-ci. Mettons cela en relief par une image familière. Une nouvelle forme d'habit deviendra facilement à la mode, si elle ne touche pas aux grandes lignes de l'habit, au caractère général de ce vêtement espièglement léger et pourtant si plein de dignité, et ne s'écarte de ce qui existait que dans des détails insignifiants, comme, par exemple, des pans plus courts ou plus arrondis, des revers plus larges ou plus étroits, unis ou doublés de soie ; par contre, il serait difficile à un tailleur forte tête et exempt de préjugés, de faire accepter un vêtement de gala qui romprait radicalement avec la mode, jusqu'ici en vigueur, et représenterait, par exemple, une toge romaine ou un modèle encore plus inconnu. Quelque chose de complètement différent de ce qui précédait provoque des sensations désagréables qui peuvent s'élever jusqu'à l'aversion et à l'effroi le plus violent. Lombroso, le grand psychologue italien, a trouvé pour cet état un mot heureux : cette aversion et cet effroi, il les nomme « misonéisme », hostilité contre le nouveau, et démontre son existence chez l'être humain non cultivé, chez l'enfant, même chez l'animal. Pour m'en tenir à ma comparaison du métier à tisser, il importe peu à la machine, comme à l'ouvrier qui la mène, que les fils aient une autre couleur, pourvu que le dessin reste le même. Un changement de la couleur du tissu n'implique ni une modification du métier ni une plus grande attention de la part de l'ouvrier. Ce n'est que si le dessin doit être changé, que se présenteront les complications décrites plus haut. Ainsi s'explique que, sans doute, le nouveau peut plaire à la foule, mais que néanmoins elle repousse avec une vraie fureur, souvent avec des efforts désespérés, le réellement nouveau, celui qui diffère spécifiquement de ses idées habituelles.

J'incline fortement à croire que les tribus sauvages ne disparaissent devant la civilisation envahissante, que parce que l'énorme transformation de toutes choses autour d'elles exige de leur esprit trop d'idées nouvelles et de fonctions individuelles. De lui-même, sans être en rien aidé par les procédés de pensée hérités, chaque sauvage doit recevoir les impressions nouvelles, les classer, les lier, les réunir en apercep-

tions et en idées, et y répondre par des détermi-
nations et des actes individuels complètement étrangers à son organisme et pour lesquels son cerveau et
ses nerfs ne sont pas arrangés. C'est là un travail
dont l'homme civilisé peut à peine se faire une juste
idée. Car même l'homme civilisé le plus original,
le plus différent des individus de son espèce, ne
se trouve qu'assez rarement exposé à recevoir des
impressions tout à fait nouvelles et à créer des combinaisons également toutes nouvelles de conceptions
et de résolutions. Et le sauvage doit fournir soudainement et continuellement, dans la plus grande
mesure, cette activité qui est la plus haute de l'organisme humain ! Rien d'étonnant si bientôt elle
l'épuise complètement et s'il s'écroule sous elle. S'il
existait une civilisation qui différât aussi inconceva-
blement de la nôtre que celle-ci diffère de celle d'un
Papou de la Nouvelle-Guinée, et si cette civilisation
venait à fondre sur nous sans préparation, les plus
grands philosophes et les plus grands hommes d'Etat
de l'humanité blanche de notre temps s'étioleraient
et disparaîtraient devant elle, comme les sauvages
devant notre civilisation.

De ces considérations résulte ma manière de voir
du rapport de l'homme de génie au philistin, manière
de voir opposée à celle de Carlyle. Le voyant de
Chelsea fait apparaître son héros, comme un capi-
taine Cook, au milieu de la troupe des hommes

ordinaires, qu'il contraint, en leur montrant de bons fusils et des canons, à la soumission, à la reconnaissance de sa supériorité et à l'admiration de son art et de sa science plus élevés. Moi, je ne considère pas la vie de l'homme d'élite comme un voyage de découvertes dans les mers du Sud et comme un débarquement chez des anthropophages nus. Je ne puis lui reconnaître le droit d'exiger du troupeau typique, qui a hérité de ses idées toutes faites, la même activité intellectuelle originale et indépendante de l'habitude organisée, que lui rend facile à lui, l'individu non typique, une plus grande quantité de force organique. Si la grandeur solitaire ne suffit pas à son ardent désir d'agir sur d'autres, s'il ne veut pas, comme le malheureux Louis II de Bavière, s'asseoir seul au théâtre en contemplant toute sa vie le spectacle que ses idées représentent devant lui seul, s'il est animé de l'instinct, inséparable d'une force vitale puissante, d'assurer la durée à sa forme et d'imprimer celle-ci à d'autres organismes, il doit mettre au service de son originalité une dame de compagnie, qui se nomme la patience. Il doit inculquer à la foule les nouvelles idées peu à peu, comme une langue étrangère ou un exercice de corps compliqué, par l'exemple, par une démonstration systématique et par de fréquentes répétitions. En un mot, il s'agit de rompre l'homme ordinaire au joug d'une nouvelle habitude qu'il peut porter comme les anciennes, sans davantage penser ou se donner de la peine, tout aussi automatiquement, en sommeillant à demi et en ruminant, et cela exclut les actions brusques.

Le lecteur aura remarqué que j'oppose toujours ici entre elles de nouvelles et de vieilles idées, non de meilleures et de plus mauvaises, de plus hautes et de plus basses, en un mot que j'évite d'employer des épithètes impliquant louange ou blâme et témoignant de prédilection pour les unes, d'aversion pour les autres. Dans la lutte silencieuse ou bruyante de la minorité originale contre la pluralité typique, il ne s'agit, en effet, que de remplacer les anciennes conceptions héritées par de nouvelles ; ces conceptions nouvelles n'ont nullement besoin d'être meilleures, leur marque essentielle est uniquement d'être nouvelles, d'être autres que les conceptions traditionnelles. On qualifie habituellement la foule de stupide ; c'est lui faire tort. Considérée en soi, elle n'est nullement stupide, mais simplement pas aussi intelligente que les individualités les plus intelligentes de l'époque. Elle représente simplement le degré de développement intellectuel occupé hier encore par les meilleurs. Les meilleurs d'aujourd'hui sont évidemment plus avancés, mais demain la foule sera aussi loin, et pour avoir le droit de l'appeler arriérée et d'en médire, les génies de demain devront être aussi supérieurs à ceux d'aujourd'hui, que ceux-ci à la populace actuelle. Originalité et médiocrité n'ont

donc pas une signification absolue, mais seulement
une signification relative. L'exception s'efforce de
devenir règle, l'originalité de devenir type. Les
natures puissantes ont la valeur de modèles librement inventés, qui sont fidèlement reproduits par les
hommes ordinaires. La forme de chapeau imaginée
hier par un hardi inventeur et qui fit sensation sur
la promenade de la capitale, s'étale pompeusement
demain, à la foire du village, sur la tête de toutes les
filles de ferme, et n'attire même plus l'attention des
valets enrubannés. D'où provient cette différence
d'effet? La forme est-elle devenue autre? Non : elle
a seulement cessé d'être rare. La banalité est l'originalité usée, l'originalité est « la première » de la
banalité. Nous haussons aujourd'hui les épaules
quand nous surprenons un poète lyrique à comparer
aux étoiles les yeux de la bien-aimée, et nous admi-
rons Lenau disant par une audacieuse métaphore :
« Le long de ses chansons bigarrées, l'alouette
grimpe joyeusement en l'air. » Et pourtant la première comparaison est belle, beaucoup plus belle
que celle-ci. En comparant aux étoiles les yeux de la
bien-aimée, l'amant donne d'abord une transcription
formant tableau ; il applique en outre, à reproduire
l'image de ces yeux, une méthode d'amplification de
nature à flatter l'amour-propre de celle qu'il chante,
et donnant une bonne idée de sa propre exaltation ;
il rattache enfin l'aspect de la bien-aimée aux plus
beaux phénomènes de l'univers et enlève en quelque

sorte celle-ci à sa pauvre contingence individuelle,
pour l'agrandir jusqu'à l'infinité de la nature même.
Comment pourrait se soutenir, à côté de cela,
l'image de Lenau, qui nous suggère tout au plus
l'idée d'une échelle, fût-elle bariolée, sur laquelle
une alouette grimpe comme fait une rainette dans
son verre, chose curieuse à voir, sans doute, mais
ni particulièrement belle, ni surtout sublime! La
comparaison des yeux avec les étoiles a produit une
profonde impression sur les contemporains, quand
un génie poétique de l'antiquité la plus reculée la
trouva pour la première fois. Elle est devenue banale.
Pourquoi? Parce qu'elle est excellente. L'image sai-
sissante de Lenau ne partagera pas ce sort; elle n'est
pas assez profonde pour cela.

C'est là que j'ai voulu en venir : la banalité d'aujourd'hui n'est pas seulement l'originalité d'hier,
elle est même la fine fleur de cette originalité, le
meilleur et le plus précieux de celle-ci, cette partie
d'elle qui méritait de durer, non seulement parce
qu'elle était neuve, mais que de plus elle était
vraie et bonne. Salut à la banalité! Elle est la
collection de toutes les choses les plus excellentes
que l'esprit humain ait produites jusqu'au temps
présent.

Ce qu'on nomme l'opinion publique, c'est-à-dire
la manière de voir de la foule, ne peut évidemment
pas faire loi pour les meilleurs esprits d'une époque

donnée. Elle mérite néanmoins d'intéresser même ces meilleurs esprits, en ce qu'elle est le fruit de tout le développement antérieur de l'humanité. Les cris confus d'une assemblée populaire sont faits des voix des grands penseurs qui parlent, de leur tombeau souvent dix fois séculaire, par le gosier enroué d'un savetier politique alcoolisé, et celui qui prend la peine d'analyser ce bruit jusqu'à ses éléments constitutifs, pourra ramener à quelque auteur considérable chaque mot d'ordre désormais dépourvu de sens, ainsi que chaque phrase creuse. Le lieu commun du discours du philistin a commencé sa carrière comme boutade surprenante et brillante, et chaque sympathie ou aversion instinctive, chaque préjugé, chaque acte inconscient de l'homme ordinaire, ont été primitivement le résultat du dur et austère travail intellectuel d'un homme exceptionnel. La majorité signifie en dernière analyse le passé; la minorité peut signifier l'avenir, si son originalité fait ses preuves. Aristote, le père de notre savoir actuel dans la plupart des domaines de la connaissance, ne pourrait aujourd'hui réussir nulle part à l'examen du baccalauréat, excepté pour la langue grecque, que d'ailleurs il n'avait peut-être pas non plus approfondie comme un philologue de nos jours; la théorie de Harvey sur la circulation du sang, qui apparut à ses contemporains comme une révolte inouïe et sacrilège contre la vérité reconnue jusque-là, est maintenant enseignée sans le moindre bruit dans les écoles primaires, et le génie qui aujourd'hui s'isole dédaigneusement de la foule et s'enorgueillit de n'avoir rien de commun avec elle, de penser et de sentir autrement qu'elle et de n'en être pas compris, ce génie serait peut-être étonné, s'il pouvait revenir dans mille ans sur la terre, d'entendre les petits gamins exprimer ses idées les plus personnelles et les plus étourdissantes aussi couramment et aussi naturellement qu'ils souhaitent le bonjour.

Ce que je ne puis comprendre, dans ces conditions, c'est que les conservateurs et les réactionnaires, les défenseurs de l'état de choses existant et les adversaires des innovations, soient ennemis de la démocratie. S'ils avaient le sens de leur véritable intérêt, ils seraient démocrates enragés, conseilleraient au tsar d'introduire en Russie le suffrage universel, substitueraient au parlement le referendum suisse, et attribueraient aux résolutions des assemblées populaires une importance incomparablement plus grande qu'à celle d'un conseil des ministres. La foule est toujours conservatrice, parce qu'elle agit en vertu d'instincts génériques héréditaires, et non en vertu de nouveaux procédés de pensée individuels, et ne peut en conséquence se retrouver à l'aise que dans des conditions héréditaires, et non dans de nouvelles. Elle peut suivre une volonté individuelle puissante, qui l'arrache à l'ornière de l'habitude; mais de sa propre initiative, par un désir de libre vagabondage,

3.

elle n'abandonnera jamais le chemin battu par les générations antérieures. Les révolutions sont toujours le fait de la minorité, dont l'originalité ne peut s'accommoder des conditions traditionnelles non calculées en vue d'elles et non adaptées à elles. La majorité ne suit qu'à son corps défendant, à moins qu'elle n'ait été depuis plusieurs générations peu à peu dressée à sentir que l'état de choses existant avait fait son temps et n'avait plus sa raison d'être. Les seuls vrais novateurs que connaît l'histoire ont été les despotes éclairés pour lesquels s'enthousiasment les historiens conservateurs. Au contraire, les révolutions faites par la masse retombèrent irrésistiblement dans le lieu commun. En tête d'un livre d'histoire réactionnaire on devrait placer non le portrait de Frédéric le Grand ou de Joseph II, mais celui d'un démocrate de 1848 coiffé du chapeau expressif de l'époque, et les réactionnaires, s'ils étaient intelligents et sincères, devraient avouer que la barricade est un soutien de l'édifice politique et social.

Si je prononce d'ailleurs le mot de « lieu commun » en rapport avec la politique, ce mot a dans ma bouche la valeur d'un témoignage d'estime. La politique a pour but de procurer à la foule les conditions d'existence les plus favorables ; elle doit donc se régler sur les besoins de la foule. Celle-ci pense et sent automatiquement, c'est-à-dire d'après des formules héritées et des habitudes organisées ; elle

réclame donc à juste titre qu'on ne lui impose pas
d'accomplir un travail d'esprit nouveau, individuel,
presque toujours au-dessus de ses forces. Qui dit politique dit donc régime de majorité, lieu commun,
tradition. Le grincheux pour lequel ces expressions
sont trop impartiales peut les remplacer, s'il y tient,
par tyrannie de la médiocrité et ornière de la routine.
L'individualité puissante à développement original ne
trouve pas de son goût de s'accommoder des conditions
typiques qui, pour la foule typique, sont précisément
les bonnes. C'est tant pis pour cette individualité. Elle
n'a pas pour cela le droit de revêtir de ses longs pan-
talons les courtes jambes des gens ordinaires. Chaque
organisation qui plaît à la majorité, est bonne, non
examinée en soi, mais dans les circonstances données.
Il ne peut en être autrement. Supposons que la foule
se trompe, qu'elle réclame une sottise et crée les lois
les plus absurdes : eh bien ! qu'on se hâte, au nom
du ciel, de lui permettre sa sottise et d'introduire
ces lois absurdes. La foule s'apercevra bientôt que
sa situation est plus mauvaise qu'auparavant; des
esprits plus intelligents et voyant plus loin lui mon-
treront la cause de ses maux, et elle exigera bien
assez vite les changements nécessaires. Se trouve-
t-elle au contraire, contre toute attente, à l'aise
dans sa sottise et heureuse avec ses lois absurdes,
elle a complètement le droit de complimenter hors
du temple à l'aide de tessons, selon l'usage antique,
ou, à la façon moderne moins élégante, de dénoncer

à la police comme coupable de lèse-majesté ou per-
turbateur du repos public, le sage qui veut lui
persuader malgré tout qu'il est déraisonnable de sa
part de se sentir heureuse. Quand une foule est stupide, il faut tout d'abord la laisser être stupide. Il
est très beau et très noble, de la part de l'homme
plus intelligent, de l'amener peu à peu à un plus
haut degré d'intellectualité ; mais avant tout elle a
droit à des institutions et à des lois calculées en vue
du bétail bovin, et non en vue de rusés gens de chi-
cane ou de spéculateurs à la Bourse. A la minorité
intelligente forcée de vivre sous ces lois ou sous ces
institutions, je ne puis qu'exprimer ma compassion
cordiale. Figurons-nous donc une fois une ville qui
serait complètement ou presque exclusivement habi-
tée par des aveugles. En théorie, cela est admissible.
Un homme doué de la vue demanderait alors qu'on
éclairât les rues. Cette demande en soi serait certainement excellente. Il n'aurait pas de peine à trouver
les raisons les plus convaincantes pour la nécessité
des lanternes, à dépeindre avec l'éloquence la plus
entraînante la splendeur d'une nuit éclairée à l'électricité. Et cependant la population aveugle rejetterait
cette proposition à l'unanimité, et je serais curieux
de connaître l'homme raisonnable qui ne donne-
rait pas raison à celle-ci, et tort au défenseur de la
lumière. Il faut à Abdère un conseil municipal d'Abdé-
ritains, et il n'y a pas place là pour les hôtes des
banquets platoniciens. Si cependant ils habitent la

ville et ne veulent pas la quitter, il leur reste le droit incontestable de fonder une parlotte et de s'y égayer entre eux sur le compte de leurs concitoyens.

. ⁎ .

Je crois que le philistin peut être content de la place que je lui ai assignée dans le monde. Je reconnais en lui un phénomène monumental, à savoir un monument du passé, souvent mal conservé, il est vrai, le nez mutilé, portant la trace de réparations maladroites, blanchi au lait de chaux par un imbécile de maître badigeonneur. Sa physionomie est une chromolithographie d'après un tableau de haute valeur artistique. Il est l'héritier du génie, qui lui lègue constamment ses biens les plus précieux. Je vois en esprit, sur son bonnet de nuit, le turban vert qui le caractérise comme descendant du Prophète. Le génie, il est vrai, ne le laissera pas pénétrer dans son monde intérieur. Celui-ci appartient à lui seul. La majorité, là, n'a rien à voir. Comment il pense et sent, cela le regarde seul. Mais, dès qu'il sort de son monde intérieur, dès qu'il ne se contente pas d'exer-cer de l'influence seulement par son exemple et d'agir seulement pour soi, il lui faut dépouiller le costume spécial de l'originalité et porter l'uniforme de la banalité. Alors il n'est plus qu'un philistin honoraire parmi les philistins. En Angleterre, un

prince ou un lord qui veut jouer un rôle dans l'admi-
nistration de la Cité, doit se faire admettre dans une
corporation. Il doit devenir de nom ou tailleur, ou
tondeur de draps, ou quelque chose d'analogue. C'est
là exactement ce que je veux dire.

II

PSYCHO-PHYSIOLOGIE
DU GÉNIE ET DU TALENT

I

Il convient de faire précéder les considérations formant la trame de ce chapitre, d'une définition aussi nette que possible des concepts qui en font l'objet. Qu'est-ce qu'un talent? Qu'est-ce qu'un génie? La réponse à ces questions consiste habituellement dans un vague radotage, où dominent les substantifs admiratifs et les adjectifs laudatifs. Cela ne saurait nous suffire. Il nous faut non des fleurs de rhétorique complimenteuses, mais une sobre explication. Or, je crois que nous nous rapprochons beaucoup de la vérité, en disant : un talent est un être qui accomplit des activités généralement ou fréquemment pratiquées, mieux que la majorité de ceux qui ont cherché à acquérir la même aptitude; un génie est un homme qui imagine des activités nouvelles non encore pratiquées jusqu'à lui, ou pratique des activités connues d'après une méthode entièrement propre et personnelle. Je

définis à dessein le talent comme un être, et le génie,
au contraire, comme un homme. Le talent, en effet,
ne me semble nullement limité à l'humanité ; il
existe, à n'en pas douter, aussi dans le règne animal.
Un caniche auquel on peut enseigner des tours plus
compliqués qu'à d'autres chiens, est un talent ; de
même, un rouge-gorge ou une fauvette qui chante
mieux que ses congénères ; peut-être même un bro-
chet plus adroit à la chasse, ou un ver luisant plus lumineux. Un génie, au contraire, en tant que manifestation individuelle, n'est imaginable que chez l'homme.
D'après notre définition, il consiste en ce qu'un individu suit de nouvelles voies jamais frayées avant
lui. C'est là ce que ne fait aucun animal individuel,
autant qu'a pu le déterminer l'observation humaine.
Des espèces peuvent le faire ; elles peuvent donc être
douées collectivement de génie. L'ensemble des êtres
vivants le fait certainement. L'évolution des organismes, de l'être unicellulaire jusqu'à l'homme, le démontre. On peut donc dire : le monde organique dans
son ensemble est un génie, évolution et génialité
sont synonymes, et la théorie de la descendance n'est
autre chose que la compréhension et la proclamation
de l'opération d'un génie dans le monde organique.
Il existe certainement aussi chez l'animal individuel
une certaine liberté de développement, une tendance
à s'écarter du type de race hérité, car il faut bien
que les modifications que nous observons dans la
structure et la manière d'être des espèces après de

longs laps de temps, se soient accomplies dans les
individus. Mais, chez l'animal individuel, l'écart de
l'ancien et la tendance au nouveau sont si faibles,
que nous devons les négliger, parce que nous ne
pouvons les percevoir. Une abeille qui, au lieu d'une
alvéole hexagonale, en construirait une octogo-
nale ou quadrangulaire ; une hirondelle qui trouve-
rait une nouvelle forme pour son nid, un bœuf qui
se ferait plutôt tuer que de se laisser atteler au joug,
seraient des génies. Le monde, toutefois, n'a pas
encore vu des phénomènes de ce genre, tandis qu'il
a vu des hommes capables d'accomplir des écarts
équivalents d'activités héritées.

Il existe donc, entre le talent et le génie, non une
différence quantitative, mais une différence qualitative. Il ne m'échappe pas à ce sujet que l'on peut, en
dernière ligne, en poussant l'analyse jusqu'au fond
des choses, ramener cependant toute différence à
une question de plus ou de moins. Un seul exemple
suffira. Pour devenir professeur d'histoire, on a
besoin d'une certaine mesure de mémoire, de volonté
et de jugement. Ces qualités réunies ne donnent
toutefois qu'une médiocrité qui se tire d'affaire, tout
au plus un talent estimable. Mais existent-elles à un
degré de vigueur extraordinaire, leur possesseur peut
devenir un grand homme d'État, un dompteur
d'hommes, il donnera peut-être une face nouvelle à
l'histoire des peuples, et on doit le qualifier de génie.
La différence, cela est vrai, repose uniquement sur la

grandeur différente des mêmes qualités; elle est toutefois si importante, que les deux phénomènes, différents seulement au point de vue quantitatif, font l'impression d'être différents dans leur essence même et de n'avoir aucun lien de parenté. Ainsi le Mont-Blanc et un grain de quartz ne diffèrent l'un de l'autre que quantitativement. Au fond, ils sont une seule et même chose. Le grain de quartz n'aurait qu'à être assez grand, et il serait le Mont-Blanc; celui-ci n'aurait qu'à se rétrécir jusqu'à une dimension presque imperceptible, et il serait le grain de sable. Nous trouvons néanmoins que la seule différence de grandeur suffit pour faire de deux choses, identiques dans leur essence, des phénomènes aussi radicalement différents que le Mont-Blanc et le grain de sable.

II

Dans le précédent chapitre, *Majorité et Minorité*, j'ai déjà cherché à montrer que chaque organisme ne possède pas la faculté de répondre par des réactions du système nerveux et musculaire, c'est-à-dire par des idées et des actes personnels et neufs, aux impressions venant du dehors. Seul peut le faire un organisme particulièrement accompli, particulièrement riche en force vitale. Le génie, dont je crois reconnaître la qualité essentielle dans le pouvoir d'élaborer à sa façon propre les aperceptions du

monde extérieur, a conséquemment pour prémisse
un développement organique supérieur; le clavier de
son esprit possède en quelque sorte une octave de
plus. Nulle application, nul exercice ne peuvent
donner cette étendue plus grande; celle-ci doit
résulter de la construction de l'instrument. Gœthe
dit comme en badinant et de l'air le plus innocent
du monde : « Plongez seulement en pleine vie
humaine. » L'amuseur, dans la bouche duquel il met
ce vers, est un espiègle pince-sans-rire. L'avis semble
une naïveté, et n'est en fait que l'orgueilleuse van-
tardise d'un esprit hautement sûr de lui-même.
« Plongez seulement en pleine vie humaine! » En
vérité ! La recette est garantie, mais c'est un génie qui
doit la suivre. L'homme ordinaire et même l'homme
doué ne sait nullement comment il doit s'y prendre
pour faire ce plongeon, et, quand il le tente, il
en revient les mains vides. C'est que l'homme moyen,
et je range aussi le talent dans cette espèce, ne voit
nullement le monde, mais seulement son reflet dans
les yeux du génie. Il voit la « pleine vie humaine »
non plastiquement en relief devant lui, mais seulement comme des ombres chinoises projetées sur la
muraille par la lanterne magique du génie. Il aura
beau essayer de saisir de la main ces ombres multicolores et mobiles, il n'attrapera rien. Le phénomène
du monde constitue une matière première dont
l'homme moyen ne peut rien faire, dont le génie
seul peut former quelque chose que celui-là parvient

ensuite aussi à comprendre. Si l'homme moyen voit
les choses et les événements en groupes délimités,
c'est parce que le génie a établi les groupes ; si le
monde et la vie s'offrent à lui sous la forme de
tableaux synoptiques, c'est parce que le génie les a
résumés et encadrés. Il sent, juge et agit comme le
génie a senti, jugé et agi devant lui pour la première
fois. Quant aux phénomènes que le génie n'a pas
élaborés organiquement, il passe devant eux sans
les apercevoir, sans en rien ressentir, sans les
juger.

Je ne puis rendre plus clair ce rapport, qu'en
empruntant une comparaison au monde organique.
Les matières dont chaque être vivant a besoin pour
sa nourriture, notamment le carbone et l'azote,
existent partout sur la terre en quantité pratique-
ment illimitée; mais les animaux ne peuvent rien en
faire, ils ne peuvent les employer sous la forme où
la nature les leur offre primitivement. Dans une
atmosphère chargée d'acide carbonique, sur un sol
surabondamment riche en nitrates, un animal devrait
périr misérablement. La plante seule, et, parmi les
plantes, seulement la plante à chlorophylle, est en
état d'élaborer ces matières premières en nourriture.
Ce n'est que quand la plante a élaboré dans son
propre organisme le carbone et l'azote, que ceux-ci
deviennent capables de servir de nourriture à l'animal. Il en est absolument de même du génie et du
non génie, le talent inclus. Le non génie ne peut

digérer la nature, se l'assimiler, la transformer en parties constitutives de sa propre conscience. Il voit les phénomènes, mais il ne s'en fait aucune image ; il entend, mais il ne saisit ni n'interprète point. Le génie, au contraire, a en soi quelque chose de particulier, en quelque sorte une chlorophylle qui le rend capable de former, à l'aide des phénomènes, des représentations mentales achevées, que l'esprit humain ordinaire peut ensuite recevoir dans sa conscience. Darwin donne, dans le premier chapitre de son *Voyage d'un naturaliste autour du Monde*, un surprenant tableau de la vie sur les rochers absolument nus de Saint-Paul, au milieu de l'Océan atlantique. Deux espèces d'oiseaux s'y trouvent, la buse et une sorte d'hirondelle de mer, le grand pygargue. Sur les oiseaux vivent en parasites une mouche, une tique et un ptérophore ; de leurs excréments se nourrissent une espèce de stercoraire et un pou des bois ; de nombreuses espèces d'araignées tendent des pièges aux mouches et aux mites, et l'on peut ajouter, ce que Darwin ne dit pas, qu'autour de ces animaux supérieurs grouille sûrement tout un monde d'êtres microscopiques, d'infusoires, microcoques et bactéries. Il suffit donc qu'un seul oiseau vienne à Saint-Paul, pour transformer immédiatement la roche aride en un milieu nourricier adapté à une série assez vaste de créatures qui, sans cet oiseau, ne pourraient subsister un seul jour en cet endroit.

Un fait absolument semblable est, par exemple, celui de la naissance d'une littérature chez un peuple. Un génie transforme, avec les organes digestifs intellectuels que lui seul possède, les impressions des sens en une œuvre d'art compréhensible, digestible pour les autres humains. Immédiatement il donne naissance à tout un essaim d'êtres parasitaires. D'abord viennent les imitateurs qui répètent et varient plus ou moins adroitement la première œuvre. Ce sont en quelque sorte les mouches et les tiques qui se nourrissent du sang des hirondelles de mer. Puis se fondent des écoles critiques et esthétiques, qui n'ont plus rien à faire avec la nature nue et s'occupent seulement des résultats de la digestion de cette nature par le génie et ses imitateurs. Ce sont en quelque sorte les araignées qui traquent les mouches, et les stercoraires qui se nourrissent des fientes. Enfin, apparaissent les historiens de la littérature, qui racontent, en faisant beaucoup d'embarras, comment tout s'est passé. Pour ceux-ci je ne trouve pas immédiatement l'organisme correspondant du rocher de Saint-Paul, car je ne voudrais pourtant pas les assimiler aux microbes. Nous avons donc déjà une grande littérature nationale avec des œuvres de second rang, des systèmes esthétiques, d'ingénieux travaux critiques, des histoires littéraires et des monographies sur des chapitres isolés de celle-ci, des commentaires savants de tous ces livres et toute une corporation de professeurs qui en vivent, en se livrant sur eux, d'un bout de l'année à l'autre, à de belles dissertations ; et toute cette bibliothèque avec son appendice vivant d'érudits, a son point de départ et sa raison d'être uniquement dans les créations de quelque naïf génie, qui n'était ni érudit ni professeur, et qui a produit son chef-d'œuvre comme le pommier porte des pommes, parce que sa disposition organique le poussait à le produire ; et tous les autres petits bonshommes qui vinrent après lui n'auraient pas su, mis face à face avec la nature nue, dire même : Bé ; ils n'auraient même jamais fait leur apparition, pas plus que ne l'aurait faite, sans l'oiseau qui lui rend possible son existence, le petit monde animal du rocher de Saint-Paul.

Le génie repose donc sur un développement organique primitivement supérieur, le talent sur un plein déploiement, acquis par l'application de l'exercice, des dispositions naturelles que, au sein d'une race donnée, possède la majorité des individus sains et normaux. Si maintenant je viens à affirmer que le génie a une base physiologique, structurelle, on est fondé à me demander quel est le tissu dont le développement plus riche produit le génie. La question a l'air assez intimidant. La réponse ne serait cependant peut-être pas si difficile, si le génie ou le talent étaient des phénomènes simples. On pourrait alors arriver par une méthode très simple à la solution de la difficulté. Voici un cas, où existe une étonnante mémoire ; en voici un autre, caractérisé par une extraordinaire volonté. Évidemment, dans ces deux cas, les centres cérébraux qui président à la mémoire ou à la volonté doivent être particulièrement développés. Quels sont ces centres, c'est ce qu'on ne sait pas encore exactement ; mais on les découvrira avec le temps, et l'on est déjà sur la trace de quelques-uns. De cette façon, l'analyse et l'explication des phénomènes intellectuels exceptionnels seraient des jeux d'enfant. Oui, mais malheureusement les choses ne sont pas aussi simples. Génie et talent sont des phénomènes excessivement complexes ; ce n'est que rarement qu'ils s'expliquent par le relief extraordinaire d'une seule faculté intellectuelle fondamentale, bien que le plus souvent une telle faculté prédomine et puisse être constatée par une enquête exacte ; presque toujours plusieurs facultés fondamentales participent, quoique en inégale mesure, à la production du phénomène total du génie ou du talent, et les diverses proportions où elles entrent dans la combinaison s'expriment en des résultats finaux si divers, qu'il est souvent excessivement difficile de conclure de ceux-ci à leurs causes organiques. Tout l'art de l'analyse psychologique du génie comme du talent consistera donc à dissoudre en ses parties constitutives simples ce qui se présente comme un ensemble tout d'une pièce, et à remonter à la source de celles-ci dans l'organisme.

III

Tout homme cultivé sait aujourd'hui que notre système nerveux central, c'est-à-dire le cerveau et le cervelet, la moelle allongée, la moelle épinière, les nerfs sensoriels et moteurs, n'est pas un organe unique à fonction simple, comme, par exemple, le cœur ou le rein, mais un ensemble de nombreux organes, à la vérité apparentés par leur nature, mais néanmoins présidant à des fonctions toutes différentes. Il en est de même de l'appareil digestif. Le trajet entier des intestins, depuis la porte d'entrée jusqu'à celle de sortie, avec tous leurs appendices, forme un unique appareil dont les parties concourent ensemble au but de faire servir les matières nutritives introduites, par une modification mécanique et chimique convenable de ces dernières, à la construction et à la conservation de l'organisme. Mais combien différentes sont les parties isolées de ce grand appareil! Les glandes salivaires de la bouche n'ont rien de commun avec le pancréas et le foie; l'estomac est autrement constitué que l'intestin grêle; les glandes à pepsine diffèrent sous tout rapport des villosités intestinales. Ici est sécrété un suc qui transforme l'amidon en sucre; là, un autre suc qui rend soluble l'albumine insoluble. Ce tissu s'occupe seulement de faire avancer le bol alimentaire; cet autre

est chargé au contraire de lui fermer temporairement
la route et de le forcer à s'arrêter; cet autre encore est
préposé exclusivement à l'absorption. De même, le
système nerveux central remplit dans sa totalité la
grande tâche générale d'établir des rapports entre le
« moi » et le « non moi », ou, pour employer une
expression moins philosophique, entre le monde
extérieur et l'individu, de transformer des impressions en conscience et de faire réagir la conscience
sur le monde; mais ce travail se divise en nombreux
actes particuliers très dissemblables les uns des
autres, actes accomplis par des parties tout à fait
distinctes du cerveau et de la moelle épinière.

Je vais expliquer ceci par un seul exemple. Prenons l'acte de voir. Pour le profane, il semble
tout simple de saisir un journal et de lire ce qu'il
contient. Qu'on ne puisse le faire quand on est
aveugle, c'est ce qu'il comprendra immédiatement.
Au contraire, il sera peut-être très étonné si on lui
dit qu'un œil qui voit ne suffit pas pour accomplir
l'action de lire, qu'il y faut la coopération d'une série
d'autres organes situés dans le cerveau, et que la
lecture n'est pas possible, si même un seul de ces organes ne travaille pas correctement. Le globe ocu-
laire représente un appareil à la façon de la chambre
noire, sur l'arrière-fond de laquelle tombe une image
réduite et aussi nette que possible du monde extérieur. Cet arrière-fond est formé par une expansion du nerf optique dont les éléments subissent,

sous l'influence des rayons lumineux, une altération chimique analogue à celle d'une plaque sensible dans l'acte de photographier. La notion de cette altération, de sa qualité et quantité, c'est-à-dire l'image projetée sur le fond de l'œil, est conduite au cerveau. L'impression est ressentie à un endroit du cerveau situé très vraisemblablement dans la partie postérieure de la capsule interne. L'interprétation de l'impression enfin a lieu à un autre endroit du cerveau, que, d'après les recherches de Kussmaul, de Westphal et d'autres, on peut placer avec assez de certitude dans le lobe occipital gauche inférieur de celui-ci. L'œil reflète donc le monde extérieur; le reflet est conduit par le nerf optique à la capsule interne; la capsule interne transforme le reflet en une impression sensorielle, c'est-à-dire en une perception; celle-ci est transmise à l'écorce grise, et élaborée par elle en une aperception consciente. Si l'œil est incapable de fonctionner, le monde extérieur ne se reflète pas à une place utile, et le rapport entre le « moi » et le « non moi » est, sur cette voie, celle du sens visuel, complètement rompu. Si le nerf optique est malade, le monde se reflète bien à la place congrue, mais l'image n'arrive pas là où seulement elle est perçue. Si la partie postérieure de la capsule interne n'est pas en ordre, l'image arrive bien au cerveau, mais il n'y a là, pour ainsi dire, personne pour la recevoir; c'est comme si, un fil télégraphique existant, l'appareil récepteur faisait cependant défaut au bureau du télégraphe. L'image alors n'est pas perçue. Si enfin l'écorce grise du lobe occipital gauche inférieur est désorganisée, l'image est bien perçue, mais non comprise, non interprétée. On voit, mais on ne sait pas ce qu'on voit. C'est, pour poursuivre la comparaison avec le télégraphe, comme si, l'appareil récepteur étant là et la dépêche reçue au bureau, celle-ci ne pouvait être remise au destinataire. C'est ainsi que chaque activité intellectuelle particulière, chaque acte de volonté, chaque sentiment, chaque représentation, si simples et si nus qu'ils apparaissent, sont en réalité quelque chose de très compliqué, à la production desquels participent de nombreuses parties, c'est-à-dire des organes, essentiellement différents du système nerveux central.

Ces organes particuliers placés à l'intérieur de la moelle épinière et du cerveau sont nommés centres, et on les a rangés hiérarchiquement. On parle de centres inférieurs et de centres supérieurs. La fonction qu'ils accomplissent détermine naturellement leur place sur l'échelle de la dignité. Mais, dans l'évaluation de la valeur de ces fonctions, on a moins considéré leur importance pour le maintien de la vie, que leur part à la production de l'essence spécifiquement humaine. Il y a des facultés que l'homme seul possède : par exemple, le don de l'abstraction ou le langage ; d'autres qu'il partage avec les animaux : la mémoire, la volonté ; d'autres encore qu'il a en commun avec tous les êtres vivants : la nutrition. (Bien entendu, disons-le incidemment, même la plus humaine de toutes les facultés, c'est-à-dire précisément l'abstraction ou le langage cité en exemple, n'est pas exclusivement humaine en ce sens qu'elle apparaît pleinement développée chez l'homme, mais n'est pas indiquée même par la moindre trace chez les animaux inférieurs à lui; d'après les travaux de Romanès, il n'est guère douteux que la vie intellectuelle humaine n'est qu'un plus haut développement de la vie intellectuelle animale, et que la nature, ici comme partout, ne connait que des lignes d'évolution ininterrompues, mais ni sauts ni solutions de continuité. Ce n'est toutefois pas ici le lieu d'insister sur ce point). La dignité d'une fonction, par conséquent aussi du centre qui y préside, est en rapport inverse de sa fréquence dans le monde organique et de son importance pour la conservation de la vie. Sans les faits plus ou moins simples et compliqués de la nutrition, c'est-à-dire sans digestion, respiration ni circulation du sang, l'organisme ne pourrait subsister un moment; mais les centres de digestion dans les ganglions du sympathique, les centres médullaires et cardiaques pour l'activité des muscles thoraciques et du cœur, sont les plus inférieurs de tous. Les mouvements des membres, et notamment la combinaison précise de ces mouvements, qui seule rend possibles la marche, la préhension, etc., sont certainement très importants pour l'individu, mais on peut cependant vivre sans eux; les centres des mouvements

4.

musculaires et de leur accord exact (l'expression technique est *coordination*) dans la moelle épinière et vraisemblablement dans les pédoncules cérébraux, peut-être aussi dans le cervelet, sont déjà supérieurs. Mémoire, jugement, imagination enfin, sont pour l'organisme total non une nécessité vitale, mais un luxe agréable ; l'individu peut très bien végéter sans eux des années et des dizaines d'années ; mais leurs centres dans l'écorce grise sont les plus hauts. Cette hiérarchie n'est nullement arbitraire, mais bien fondée. Plus une fonction est générale et nécessaire, plus son instrument est simple et grossier; dans la mesure où la fonction devient plus spéciale et plus différenciée, l'instrument doit devenir aussi plus fin, plus compliqué, et conséquemment plus délicat. Une charrue est une nécessité plus grande et est employée par un plus grand nombre de gens, qu'un chronomètre; celui-ci est plus nécessaire et plus répandu qu'un instrument de précision pour la comparaison exacte d'un mètre avec le mètre-étalon de Paris. Mais la charrue est beaucoup plus grossière et plus simple que le chronomètre, et celui-ci est beaucoup plus grossier et plus simple que l'instrument de précision. Il n'est pas facile de détruire une charrue ; une montre demande déjà à être traitée un peu plus délicatement, mais résiste encore à maint choc; quant à l'instrument de précision, il est dérangé rien que par l'ébranlement que cause au sol une voiture passant au loin. Il n'en va pas autrement des centres nerveux. Plus le travail réclamé d'eux est individuel, spécial et exclusif, et plus ils sont compliqués, fins, et conséquemment délicats. La nutrition est un acte comparativement grossier. A la rigueur, on n'aurait pas besoin à cet effet d'organes particuliers, de même que, par exemple, on pourrait creuser un sillon sans charrue, avec un bâton ou une pierre ou même avec la main, seulement avec moins de facilité et de commodité. Chaque gouttelette la plus simple de protoplasma a la faculté de se nourrir, au sens le plus large, par la susception de matières solides, liquides et gazeuses, c'est-à-dire de digérer et de respirer. Si nous avons besoin à cet effet d'instruments hautement compliqués, tels que les systèmes de la circulation du sang, de la respiration et de la digestion, c'est parce que notre organisme doit accomplir des actes plus compliqués qu'une gouttelette de protoplasma, et ne saurait se dispenser de la division du travail. C'est ainsi, par exemple, qu'un ministre d'État n'a pas le temps de cuire lui-même son dîner et de faire ses habits, travail auquel peut très bien se livrer, au contraire, le lazzarone napolitain. Néanmoins, la nutrition, même dans notre organisme complexe et fonctionnant avec une très large division de travail, est une besogne subalterne et simple, et les centres qui y président sont si grossiers, qu'ils résistent le plus longtemps aux influences destructives, et, de fait, meurent les derniers. Les centres moteurs aussi sont encore assez subalternes,

et pour cette raison proportionnellement résistants.
On demande très peu à ces centres, qui se trouvent
dans la moelle épinière. Quand les nerfs sensitifs
leur transmettent la perception qu'une force extérieure agit sur une partie quelconque du corps,
qu'elle se manifeste sous forme d'un simple contact
ou d'une douleur, ils doivent inciter des groupes
musculaires déterminés à se contracter, empêcher
d'autres de le faire, et amener de cette façon un
mouvement efficace soustrayant le corps à l'effet de
la force extérieure. On nomme cela un mouvement
réflexe. Il a lieu sans commandement de la conscience,
même à l'insu de celle-ci. Une grenouille à laquelle
on a enlevé le cerveau, peut l'accomplir. Les centres
moteurs médullaires sont très bornés, pour ne pas
dire stupides. Ils ne peuvent discerner la cause
déterminante des perceptions qui leur sont transmises. Ils ne peuvent répondre aux excitations extérieures que par les mesures motrices les plus simples.
Si le corps peut rester exposé sans danger à la force
extérieure, un centre supérieur doit leur ordonner de
se tenir tranquille. Si, au contraire, le simple recul
ne suffit pas, si le corps doit, par exemple, courir ou
bondir, pour échapper à une action extérieure, un
centre supérieur doit de nouveau leur ordonner de
mettre en mouvement les groupes musculaires dont
l'ensemble produit la course ou le bond. Les centres
cérébraux, enfin, qui produisent la volonté et la conscience avec tout son contenu, sont les plus hauts, car

leur activité est la plus variée et la plus complexe ; elle est la plus exclusivement humaine, et a besoin, pour être accomplie convenablement, d'un si précis engrenage de tant de parties délicates, que de très petites influences suffisent à déranger l'appareil ultra-sensible, de même que de très petites incitations le mettent aussi en activité. Plus un centre est haut, plus tardivement il parvient à la maturité, plus longuement l'organisme travaille à l'achever, plus rapidement il s'use. La hiérarchie des centres n'est donc pas arbitraire, elle n'est pas déterminée d'après des appréciations individuelles sur la plus ou moins grande importance de leurs fonctions, mais établie par la nature elle-même. Un gourmet aurait beau dire : « Avis contre avis : je place le centre de nutrition au-dessus du centre de la mémoire ou du jugement ». Il faudrait lui répondre que ses penchants personnels l'induisent en erreur, que le centre de nutrition ne saurait être le plus haut, car il est répandu dans tout le règne animal, apparaît au premier instant de la vie individuelle, dure jusqu'à la déchéance extrême de l'organisme et opère un travail constamment uniforme, jamais modifié individuellement, tandis que les centres de mémoire et de jugement n'apparaissent que chez les animaux supérieurs, ne se manifestent dans la vie individuelle qu'à un certain niveau de développement, deviennent obtus et incapables de fonctionner, en règle générale, avant la mort naturelle de l'organisme, et fournissent un travail qui doit pouvoir suivre toutes les modifications des circonstances extérieures.

La nouvelle biologie darwinienne, déjà pressentie d'ailleurs par Virchow, conçoit même le plus haut organisme animal, celui de l'homme, seulement comme une colonie de simples êtres vivants avec division de travail poussée très loin, et avec modification, causée par elle, des citoyens individuels de cette colonie. Originairement, chaque cellule dont nous sommes formés est un organisme en soi, qui peut tout ce qui est nécessaire à un organisme voulant exister ; la cellule peut donc se nourrir, se reproduire par division, selon le type le plus simple, et se mouvoir par contraction de son protoplasma. Mais en s'unissant par d'innombrables millions pour former un organisme animal ou humain, les cellules se partagent ces différentes occupations, chacune ne peut plus accomplir qu'un travail déterminé, désapprend les autres travaux et devrait périr, si les autres cellules ne faisaient pas pour elle ce que celle-là ne peut plus faire. Le globule rouge peut absorber de l'oxygène et le porter à tous les tissus, mais ne peut plus se mouvoir et se reproduire. La fibre musculaire peut se mouvoir et entraîner avec elle les autres parties du corps, mais elle ne pourrait tirer à elle, de la nature, des matières nutritives non préparées et se reproduire, etc.

En dépit de toute l'égalité primitive des parties réunies, ou, pour nous en tenir à notre expression antérieure, des citoyens réunis de la colonie, une hiérarchie très sévère s'est cependant formée chez elle. L'organisme est une société composée de prolétaires, de bourgeois et de classes dirigeantes. Il renferme des éléments qui représentent les degrés de développement les plus divers de la vie animale. Les corpuscules du sang et les cellules lymphatiques ne sont pas d'un ordre plus haut que les bactéries, avec lesquelles ils ont souvent à se battre et par lesquelles ils sont même parfois vaincus, quoiqu'en règle générale ils se montrent les plus forts. La moelle épinière n'est pas d'un ordre plus haut que, par exemple, celle d'une grenouille; le centre de sensation n'est pas plus élevé que celui d'un homme de la race la plus inférieure, un boschiman, par exemple; seuls les centres les plus nobles de la pensée et du jugement élèvent l'organisme vague au-dessus de tous les autres êtres vivants et font de celui-ci non un être vivant en général, non un animal vertébré, non un homme sans plus, mais un homme déterminé, un individu qui se distingue de tous les autres et domine tous les autres, quand ces centres sont particulièrement développés.

La hiérarchie dans l'organisme n'exclut d'ailleurs pas une certaine indépendance de chaque classe. Je pourrais dire : il règne entre elles un constant conflit de principes démocratiques et aristocratiques. Les centres inférieurs ne se laissent pas volontiers commander par les supérieurs ; les supérieurs essaient en

vain de se soustraire à la tyrannie des centres inférieurs. Les centres cérébraux ne peuvent pas empêcher les centres de nutrition d'accomplir leur travail ;
ils ne peuvent les déterminer à accomplir ce travail
de telle ou telle façon, plus rapidement ou plus len-
tement ; les opérations des corpuscules du sang, des
glandes lymphatiques, etc., échappent complètement
à l'action de la conscience et de la volonté ; ce n'est
qu'indirectement que les centres cérébraux peuvent
faire la preuve qu'ils sont tout de même plus puissants ; il est en leur pouvoir de refuser aux centres
inférieurs les conditions dans lesquelles seules ils
peuvent exercer leur activité, en empêchant, par
exemple, l'introduction d'aliments dans l'estomac,
d'air dans le poumon, et en rendant ainsi impossible
aux glandes digestives et aux globules du sang d'accomplir leur devoir. Réciproquement, les centres
inférieurs tiennent aussi les centres élevés dans une
forte dépendance, car ceux-ci ne peuvent fournir
l'optimum de leur travail que quand ceux-là rem-
plissent régulièrement et complètement leur devoir.

Des tendances démocratiques n'existent pas seulement dans les basses classes de la colonie qui forme
l'organisme ; le droit public entier de celle-ci est dé-
mocratique, ou, du moins, il n'est pas monarchique.
Nous n'avons pas un centre unique qui gouverne
avec toute-puissance, comme un roi absolu, tous les
centres de l'organisme, mais plusieurs centres, ayant
des droits égaux et occupant dans la colonie orga-

nique absolument le même rang. Trois de ces centres
au moins peuvent prétendre à être envisagés comme
le triumvirat qui exerce dans l'organisme des droits
souverains ; ce sont les centres de la conscience, de
la mémoire et de la volonté. C'est une simple hypothèse, bien entendu, que d'attribuer à ces trois activités des centres déterminés ; jusqu'à présent, cela
n'est pas prouvé, et une analyse plus approfondie
pourrait peut-être démontrer que la conscience, la
mémoire et la volonté, ne sont pas simples, mais
complexes et réductibles à des éléments fondamen-
taux. Elles s'influencent les unes les autres, mais
sont indépendantes les unes des autres. Pour que leur
activité soit avantageuse et utile à l'organisme, elles
doivent concorder ; mais cette harmonie manque
parfois dans les cas de maladies du cerveau et même
en pleine santé intellectuelle apparente. On perd
quelquefois la mémoire, mais on conserve la conscience. De même, en conservant la conscience, on
peut perdre la volonté. Volonté et mémoire sub-
sistent d'autre part avec la perte de conscience, par
exemple dans le somnambulisme ou dans certaines
formes de l'hypnotisme. Et même quand les trois
centres travaillent normalement, ils suivent néanmoins habituellement chacun leurs propres voies,
qui peuvent évidemment être parallèles, mais qui
sont loin de toujours l'être. Nous savons que la
mémoire est complètement indépendante de la
volonté. Elle nous apporte dans la conscience des

représentations que nous n'avons ni cherchées ni réclamées, et nous en refuse opiniâtrément d'autres que nous nous efforçons violemment de nous rappeler. De même, la volonté est indépendante de la conscience et de tout son contenu. Nous avons beau nous persuader, en déployant toutes les forces de notre jugement, d'accomplir un acte déterminé ; nous ne l'accomplissons pas tout de même. La conscience est pleinement convaincue, mais la volonté n'en tient pas compte. Ou bien, nous nous prouvons par les raisons les plus irréfutables que nous devons nous abstenir d'un acte déterminé. La volonté écoute, laisse dire, et fait finalement ce contre quoi la conscience s'insurge. Les centres supérieurs restent donc indépendants les uns vis-à-vis des autres, s'accordent une fois, entrent en conflit une autre fois, et se disputent véritablement, pendant toute la vie, l'influence prépondérante dans l'organisme.

Nous l'avons déjà vu dans le chapitre précédent : c'est dans un développement très riche et très parfait seulement que les centres les plus hauts sont en état de former de nouvelles combinaisons, c'est-à-dire de répondre aux impressions extérieures par des pensées et des actes non usités jusque-là et pour lesquels il n'y a aucun exemple ; alors que ces mêmes centres, dans un développement moins haut, ne travaillent que d'une façon traditionnelle et héritée, c'est-à-dire fonctionnent exactement comme eux-mêmes ont précédemment fonctionné en semblables occasions, et comme, avant eux, ont fonctionné les parents. Chaque activité que l'on exerce à plusieurs reprises, est organisée ; c'est-à-dire que le rapport dans lequel les neurones doivent entrer les uns avec les autres, pour produire cette activité, devient fixe et arrêté, et cette dernière s'effectue automatiquement.

En dépit de tout ce que Herbert Spencer peut alléguer contre les comparaisons et les images destinées à expliquer les faits psychologiques, celles-ci n'en restent pas moins un bon moyen pour rendre clair même aux profanes ce sujet si difficile. Je n'hésite donc pas à apporter un exemple grossier, et par là même plus aisément saisissable, pour expliquer ce qu'on entend par activité non organisée et activité organisée des centres cérébraux. L'activité organisée est, comparée à l'activité non organisée, ce qu'est le jeu d'une boîte à musique par rapport au jeu d'un artiste. Le morceau pour lequel la boîte est construite, celle-ci, si on la remonte, l'égrène exactement ; quant à un autre morceau, elle ne peut naturellement le jouer. L'artiste, au contraire, jouera chaque morceau dont on lui présentera les notes, et, s'il est bien doué, il pourra aussi inventer des morceaux nouveaux et ne pas seulement jouer d'après des notes étrangères. Dans la foule moyenne, les centres cérébraux sont comme les boîtes à musique ; ils jouent seulement les morceaux qu'on a introduits et organisés en eux. Mais quel mécanicien a disposé leur mécanisme en vue des morceaux de musique déterminés? C'est la série des ancêtres qui ont joué toujours de la même façon ces morceaux de musique, jusqu'à ce que l'instrument, résonnant primitivement sous des doigts jouant librement, devînt automatique. Chez les hommes exceptionnels, au contraire, les centres cérébraux sont comme les artistes; ils peuvent jouer des morceaux qu'ils n'ont pas entendus précédemment; leur répertoire ne consiste pas en quelques morceaux toujours de nouveau rabâchés, mais change continuellement et sans limitation de nombre.

Reste une dernière question. Pourquoi des activités exercées fréquemment finissent-elles par s'organiser? Ou, pour nous en tenir à l'exemple choisi : pourquoi un morceau, librement joué à diverses reprises, est-il finalement appliqué au barillet à musique? Ma réponse ne peut être qu'une hypothèse, mais qui concorde avec tout ce que nous savons des lois de la nature. Cela se produit par l'effet de la loi universelle, formulée pour la première fois par Leibniz, en vertu de laquelle tout se fait dans la nature avec la moindre dépense possible de force. Quand la volonté ou la conscience ont à former de nouvelles combinaisons, cela exige une grande dépense de force nerveuse. Chaque temps du travail doit être spécialement commandé et surveillé. Mais cette dépense est économisée, quand il est possible d'accomplir automatiquement des activités fréquemment répétées. Alors il suffit d'une unique impulsion, donnée par une simple impression sensorielle ou par un ordre de la volonté ou de la conscience, pour mettre la mécanique en mouvement, et le travail est accompli du commencement à la fin, sans que les centres suprêmes aient à le surveiller, à intervenir et à donner des ordres détaillés. C'est là sans doute le motif pour lequel des activités fréquemment exercées ne sont plus librement accomplies par les centres suprêmes, mais s'effectuent automatiquement, c'est-à-dire organiquement. Cette tendance à l'économie de travail et de force par la plus large transformation possible d'activité libre en activité automatique, est si forte, qu'elle tend à prévaloir continuellement non seulement dans l'espèce, mais aussi dans l'individu. Il n'est pas besoin d'une longue série de générations, pour organiser une fonction dans les centres qui la fournissent; cela arrive en très peu de temps, en beaucoup moins de temps que la durée d'une seule vie humaine. Même le plus puissant organisme, c'est-à-dire, d'après mon explication précédente, le plus original, voit son originalité devenir automatique, et s'il continue à être original, comparé aux autres organismes, il ne l'est plus, comparé à lui-même. Il devient en quelque sorte la boîte à musique qui joue mécaniquement ses propres compositions à lui. Ainsi s'explique que le génie le plus personnel finit par devenir maniéré, et il n'avait pas si grand tort, le brave philistin qui,

devant un beau tableau, faisait la remarque que,
pour produire une chose pareille, il fallait probablement beaucoup d'habitude.

Les fonctions automatiques des centres suprêmes
n'arrivent pas à notre conscience sous la forme
d'idées, mais sous celle d'émotions. Seules les activités qui, du début jusqu'à la fin, s'effectuent dans la
conscience, c'est-à-dire qui commencent par une
impression sensorielle, qui se transforment en une
perception, éprouvent une interprétation sur leur
cause, sont casées dans la mémoire et mènent à un
jugement dont l'accomplissement est ordonné expressément à la volonté, seules ces activités sont ressenties par le « moi » pensant comme des idées claires
à contours nets. Les activités, au contraire, qui
s'effectuent sans intervention directe de la conscience, qui consistent par conséquent en ce qu'un
centre parcourt mécaniquement, sur une incitation,
un cycle d'actes organisés, comme une boîte à
musique joue son morceau, ces activités sont seulement ressenties comme mouvements d'âme obscurs
et vagues, ou, pour employer l'expression technique,
comme émotions.

Il faut s'en tenir sévèrement à cette distinction.
Elle forme la prémisse de tout ce que j'ai encore
à dire dans cet essai. Que l'on n'oublie jamais que
ce que nous nommons la conscience n'embrasse pas
l'organisme entier, mais seulement un organe de
celui-ci, un centre cérébral ; qu'elle est, en un mot,

non *la* conscience, mais *une* conscience. Chaque centre a sa propre conscience, mais le centre suprême, celui qui est le substratum de notre « moi » pensant, de notre personnalité intellectuelle, n'en a aucune connaissance ou n'en a qu'une connaissance obscure. Notre « moi », c'est-à-dire le centre cérébral suprême, n'apprend rien ou rien de précis des faits qui se passent dans les centres de la moelle épinière et du système sympathique. Et cependant il est indubitable que ces centres-là ont aussi leur conscience, étroite et subordonnée, il est vrai, qu'ils savent en tout cas par quelle activité, par quels ordres aux tissus qui leur sont subordonnés, ils doivent répondre aux excitations. Il faut se représenter la conscience comme un œil intime qui regarde, par une espèce de microscope, les centres et leur activité. Le champ visuel de ce microscope est relativement petit; ce qui est en dehors de lui, l'œil qui observe ne le voit naturellement pas; il ne voit pas davantage les commencements ni les fins d'images qui dépassent l'étroit champ visuel. La conscience perçoit les derniers résultats de l'activité d'autres centres; mais non leurs débuts et leur développement. Quand la mémoire pousse une représentation dans le champ visuel de la conscience, celle-ci la voit; mais comment cette représentation a été amenée et où elle glisse ensuite, c'est ce que la conscience ne voit pas. Les choses vont de même pour la volonté. La conscience voit l'effet d'une activité du centre de volonté, c'est-à-dire un mouvement musculaire ou une série de mouvements efficaces et complexes. Mais comment naît l'impulsion d'innervation, c'est-à-dire la force qui, à travers les voies nerveuses, incite les muscles à la contraction, la conscience ne l'apprend pas. La façon dont la conscience ressent sa propre activité et celle des autres centres, en tant qu'ils apparaissent dans son champ visuel étroit, est complètement différente. Les actes propres qu'elle commence et achève, dont elle prépare elle-même toutes les parties, ne laissent en elle aucune incertitude et aucun état de vague inassouvissement. Ce sont, comme je l'ai dit plus haut, des idées, c'est-à-dire des clartés; au contraire, les actes seulement imparfaitement perçus des autres centres, sur lesquels la conscience n'a pas d'influence directe, dont elle ne distingue pas nettement les phases successives, dont le début, le développement et le terme lui échappent, éveillent dans la conscience une sorte de malaise et de tension, je dirais volontiers un effort visuel, la sensation qu'éprouve un œil qui voudrait voir distinctement quelque chose de distant, de petit ou de faiblement éclairé, et ne le peut; c'est une constatation de sa limitation propre, une constatation de faiblesse et d'imperfection, une curiosité et un trouble, un vif désir de savoir davantage. Cette sensation est précisément l'émotion qui arrive à notre conscience comme pressentiment, aspiration, excitation indistincte et désir vaguement contourné.

Les émotions agréables n'échappent pas, comme on pourrait le croire, à cette définition. En effet, une analyse attentive décèle dans le sentiment de plaisir les mêmes éléments de désir vague, d'inquiétude chercheuse et de trouble de la compréhension, que dans l'émotion triste, conséquence d'une dépression organique. Le travail d'idéation nette et claire, cette activité du centre suprême de la conscience que, pour la brièveté, je nommerai cogitation, par contraste avec l'émotion, est accompli par les individus plus parfaitement outillés qui possèdent la faculté de former de nouvelles combinaisons. La foule moyenne dont les centres, travaillant automatiquement, ne contiennent conséquemment que des combinaisons organisées, reste limitée à l'émotion. La grande majorité des hommes n'a jamais dans la conscience, pendant sa vie entière, une seule idée claire, pleinement illuminée; leur conscience ne parvient jamais à voir que des images demi-obscures et vagues; ils ne seraient pas capables d'exprimer nettement, en un moment donné, ce qui se passe dans leur esprit; toute tentative de ce genre aboutirait bientôt à un radotage indistinct et à des lieux communs insignifiants et sans relief; ils vivent exclusivement d'émotions. L'émotion est donc ce qui est hérité, la cogitation ce qui est acquis. L'émotion est l'activité de l'espèce, la cogitation l'activité de l'individu.

Malgré son caractère vague, bien qu'elle laisse

la conscience insuffisamment satisfaite et même inquiète, l'émotion est subjectivement plus agréable que la cogitation, et cela pour trois raisons. Premièrement, elle est plus facile, c'est-à-dire qu'elle se produit avec une moindre dépense de force nerveuse, puisque le travail automatique des centres est plus commode que le travail conscient et libre, et que la commodité est ressentie comme un agrément, l'effort comme une peine ou une douleur. Secondement, précisément l'impuissance de la conscience à voir clair dans les processus se passant dans l'intimité des centres qui travaillent automatiquement, c'est-à-dire dans les émotions, implique en soi, à côté d'un élément d'angoisse, aussi un élément de charme et d'intérêt; la conscience cherche à deviner ce qu'elle ne sait pas, elle cherche à prêter une forme à ce qu'elle ne peut voir nettement; cette activité de la conscience n'est autre chose que la fantaisie, qui, par conséquent, est excitée par l'émotion; or, la fantaisie est, l'observation nous le prouve, une activité agréable de la conscience. Troisièmement, — et cet argument se trouve déjà dans Darwin, — les activités les plus importantes de l'organisme sont naturellement aussi les plus fréquemment exercées; donc les fonctions organisées, devenues automatiques par suite de leur fréquente répétition, seront aussi, en règle générale, les plus importantes pour la conservation de l'individu et de l'espèce; comme ces fonctions ne parviennent à la conscience que sous la forme d'émotions, l'organisme attribuera aux émotions, comme étant l'expression des activités organiques les plus essentielles et les plus importantes pour lui, la plus grande valeur, c'est-à-dire, pour parler subjectivement, qu'il les sentira le plus profondément et le plus puissamment.

A la cogitation s'applique le contraire de ces trois arguments. Elle ne peut pas être ressentie comme plus agréable, parce que, premièrement, elle est trop pénible et trop incommode pour l'organisme moyen ; que, secondement, elle n'excite pas ce jeu plaisant de la conscience que l'on nomme fantaisie ; que, troisièmement, elle ne paraît pas, à première vue, importante et essentielle pour l'organisme, car il a jusqu'alors, c'est un fait d'expérience, existé sans elle ; et elle aura encore à prouver son importance ou son utilité, en trouvant fréquemment, une fois exercée avec avantage pour l'organisme, l'occasion de se répéter ; seulement, dans ce cas, elle sera rapidement organisée, et, de cogitation, se transformera en émotion.

Ces prémisses éclaircissent une foule de phénomènes obscurs. Le romantisme qui préfère le vieux au nouveau, qui trouve le moyen âge plus « poétique » que notre temps, qui s'éprend d'enthousiasme pour une ruine et traite d'ignoble une construction appropriée au but et en bon état, ce romantisme a sa racine dans ce que les représentations vieilles et héritées excitent des activités automatiques des centres, et sont conséquemment ressenties comme émotion, tandis que les représentations nouvelles non encore organisées doivent être pensées avec un effort de la conscience, c'est-à-dire provoquent la cogitation.

L'antique patache éveillait chez la génération qui se servait encore d'elle, de l'émotion ; le chemin de fer, de la cogitation. Les contemporains de la grande transformation des moyens de transport trouvaient en conséquence la patache poétique, le chemin de fer prosaïque et désagréable. La poésie entière et son effet reposent sur cette différence fondamentale entre l'émotion et la cogitation. La poésie a pour contenu les rapports, états et passions généralement humains, c'est-à-dire des activités souvent exercées, devenues automatiques, organisées; la poésie procède en conséquence de l'émotion et éveille l'émotion. Même dans son langage elle se rattache à d'anciennes représentations, non fortuitement, mais nécessairement, parce qu'il est naturel que les représentations héritées se présentent aussi sous le costume dans lequel on les a héritées des aïeux, dans le champ visuel de la conscience. Voilà pourquoi aujourd'hui encore la poésie parle d'esprits, d'elfes et de dieux; voilà pourquoi elle anthropomorphise la nature et les mouvements de l'âme; voilà pourquoi elle arme ses héros de flèches et de massues, et non de fusils Lebel; pourquoi elle promène ses voyageurs sur un vaillant destrier, et non dans un coupé-lit, ou sur une bécane; pourquoi elle conserve la conception cosmique de l'enfance de notre civilisation. Elle n'aurait que faire de représentations et de formes modernes; elle ne se retrouve pas dans notre conception actuelle du monde. Cela est trop neuf pour elle; cela ne s'est pas encore organisé; cela n'est pas encore automatique; en un mot, ce n'est pas encore émotionnel, mais cogitationnel. Aussi, toute tentative pour donner à la poésie un contenu moderne, ne promet-elle rien. Quand des rimeurs se proposent de créer une soi-disant poésie d'idées, d'introduire la science dans leurs vers, ils prouvent simplement qu'ils n'ont pas la moindre idée de l'essence de la poésie. La poésie est émotion; vouloir faire d'elle une cogitation, ce serait vouloir transformer un rêve en une veille lucide, sans qu'il cessât pourtant d'être un rêve. Mais le passage de la cogitation en émotion s'effectuera ensuite; ce n'est qu'une question de temps. Ce qui aujourd'hui est nouveau, sera vieux dans mille ans; ce qui aujourd'hui est individuel, sera ensuite inné chez l'espèce, héréditaire et organisé. Alors une gare paraîtra tout aussi poétique qu'aujourd'hui un castel en ruines, un canon Krupp qu'une lance de tournoi, la mention d'une machine électro-dynamique ou d'un bacille, tout autant qu'une allusion à l'oiseau bleu ou aux sanglots du rossignol. Car il ne faut pas oublier que tout le vieil attirail de la poésie a été autrefois aussi neuf, par conséquent cogitationnel, que le sont aujourd'hui les chemins de fer, l'artillerie, les sciences exactes; alors on a certainement trouvé l'armure des chevaliers et le château sourcilleusement dressé sur la cime de la montagne, aussi prosaïques qu'aujourd'hui une tunique militaire et une caserne, et tenu alors pour poétique seulement ce qui était archaïque. Ce n'est pas là une simple supposition ; nous avons à ce sujet des points de repère certains. Presque chez tous les anciens peuples se rattachaient aux instruments de pierre des idées religieuses, mystiques, c'est-à-dire émotionnelles, alors que ceux-ci étaient depuis des siècles déjà en possession d'outils de métal. L'instrument de pierre était, pour les barbares de l'âge de bronze et de l'âge de fer primitif, ce que le bibelot moyen âge est pour les natures rêveuses de notre temps.

Il y a des sexes, des âges, des peuples, des époques, où l'activité automatique l'emporte sur l'activité combinante libre des centres suprêmes, l'émotion sur la cogitation. La femme, dont les centres suprêmes ne parviennent presque jamais au plus vigoureux développement qu'ils atteignent beaucoup plus fréquemment chez l'homme, est bien plus émotionnelle que celui-ci. L'enfant, dont les centres ne sont pas encore complètement développés, le vieillard chez lequel ils déclinent déjà, n'ont presque que des émotions, et pas de cogitation. Dans la maladie, dans la convalescence, alors que l'organisme, par conséquent tout le système nerveux central aussi, est encore affaibli, celui-ci ne produit que des émotions. Les maladies cérébrales s'annoncent précocement par la facilité avec laquelle l'individu change d'humeur, devient pleurard et rieur, c'est-à-dire par son émotivité. Les Chinois, les néo-Latins modernes sont des peuples émotionnels; ils se laissent diriger par des états demi-conscients, c'est-à-dire par l'activité automatique héritée de leurs centres, et ne produisent que peu d'individus chez lesquels les centres suprêmes sont assez vigoureux pour enrayer, pour « inhiber » l'automatisme et former des combinaisons libres, c'est-à-dire pour penser personnellement, être cogitationnels. Le moyen âge a été une longue époque de caractère purement émotionnel. La tradition était toute-puissante. L'individu disparaissait complètement dans la parenté, la corporation et l'Etat. Pendant près de cinq siècles, il n'y eut pas un centre cérébral capable de cogitation. Aussi toute cette époque fut-elle, on doit le comprendre, sentimentalement religieuse et mystique, épithètes qui ne signifient rien d'autre que cet estompement avec lequel, comme nous l'avons vu plus haut, l'activité automatique des centres parvient à la conscience de l'individu.

IV

Je me suis livré jusqu'ici à des explications étendues, mais le lecteur, qui n'est pas psychologue de profession, les trouvera indispensables. A présent seulement il peut comprendre ce que j'ai voulu dire, en supposant que le génie et le talent doivent être rapportés au degré de développement de centres déterminés. Dans quelle partie du cerveau faut-il chercher chacun des centres dont le développement particulier se manifeste par un talent particulier? C'est ce que nous ignorons dans la plupart des cas. Mais il n'est pas inadmissible, et il est même vraisemblable, que les recherches réunies de la médecine clinique, de l'anatomie pathologique et de la pathologie expérimentale, peut-être aussi l'étude du cerveau d'hommes éminents, entreprise systématiquement dans ces tout derniers temps seulement, fixeront le siège des centres particuliers.

Celui pour lequel les activités intellectuelles sont des fonctions d'une âme, c'est-à-dire d'un hôte immatériel de notre corps, trouvera l'explication du phénomène d'un génie et même d'un talent, ou ridiculement facile, ou tout à fait impossible. Il ne saurait se tirer d'affaire en disant que Pierre a plus d'âme que Paul, car là où il n'y a pas de matière, il n'y a pas d'étendue non plus, laquelle est un attribut de la seule matière, ni d'intensité, qui est un attribut de la seule énergie, fonction de la matière; par conséquent, il ne peut y être question d'aucun « plus » ni d'aucun « moins », mais seulement de l'unité. Il ne peut pas dire davantage que les différentes âmes sont différentes dans leur essence, et qu'il s'agit donc non d'un « plus » ou d'un « moins », mais d'un « autrement constitué » ; car une différence d'essence de l'immatériel est aussi inimaginable à l'intelligence humaine qu'une différence d'essence de la matière, que notre conception du monde suppose comme une, immuable, et toujours semblable à elle-même. Il ne reste donc plus que cette explication qui n'en est pas une, à savoir que la grâce de Dieu accorde à telle âme une plus riche activité qu'à telle autre. Celui qui au contraire admet, avec la science moderne, que les activités intellectuelles sont des fonctions d'organes déterminés, c'est-à-dire des centres cérébraux, celui-là peut comprendre sans difficulté aucune qu'un organe mieux développé travaillera mieux qu'un organe moins bien développé. Pourquoi tel ou tel centre est-il mieux développé chez un individu que chez un autre, cela, sans doute, n'est pas expliqué par cette hypothèse. Mais cet importun « pourquoi? », qui s'enquiert de la cause dernière des phénomènes, est partout et toujours évité par la science exacte.

Si je ne dis rien sur les causes qui produisent le génie, parce que ces causes sont encore inconnues, je toucherai ici quelques mots des relations entre le génie et la folie. On a voulu assimiler ces deux termes. Pour un grand nombre d'aliénistes, « le génie est une névrose ». Mon illustre maître Lombroso précise : le génie est une forme de l'épilepsie, donc toujours pathologique, toujours dégénératif. Je crois que c'est là une erreur ayant son point de départ surtout dans une application traditionnelle, mais inexacte, du mot « génie ». On appelle ainsi, avec une facilité déplorable, un imbécile extatique quelconque jouant au prophète ou à l'artiste, et éblouissant par son extravagance absurde cette portion la plus écœurante de l'armée des philistins : les snobs esthétisants. Chez les peuples barbares, on regarde les fous et les idiots comme des personnages surnaturels et on les entoure d'une sorte de respect religieux. C'est par un reste de cette superstition primitive qu'on applique à des esprits malades, dont la condition pathologique se manifeste par une activité soi-disant « artistique », ce mot de « génie » qui doit servir aussi à désigner les inventeurs de vérités nouvelles et les initiateurs faisant avancer la connaissance humaine. Les pseudo-génies « artistiques », je les abandonne aux aliénistes. Ils sont en effet généralement pathologiques et dégénérés. Mais les génies qui sont réellement tels, que l'on n'appelle pas ainsi abusivement, ne sont certainement ni malades ni dégénérés.

Le génie est évolutif. Il est la première apparition, dans un individu, de fonctions nouvelles, et sans doute aussi de tissus nouveaux ou modifiés du cerveau, destinées peut-être à devenir ensuite typiques pour l'espèce entière. Or, où y a-t-il un exemple qu'une néoplasie pathologique soit évolutive ?

J'admets que le génie authentique, lui aussi, est exposé assez fréquemment à des troubles cérébraux.

Mais cela ne prouve nullement que le génie est *a priori* une psychose ; cela prouve uniquement qu'une néo-formation évolutive, une différenciation supérieure, se présentant pour la première fois comme acquisition individuelle, est plus délicate et moins résistante qu'un organe rudement et solidement charpenté, consolidé par l'hérédité et par une longue sélection. Nous savons que beaucoup d'athlètes souffrent et meurent d'hypertrophie et de dégénérescence graisseuse du cœur ; c'est la maladie professionnelle des champions du sport et des gymnasiarques. Pourtant, ne me rirait-on pas au nez, si je disais : « L'athlétisme est une cardiopathie » ? Or, ce mot aurait juste la même valeur que le fameux axiome : « Le génie est une névrose ».

Après cette petite digression nécessaire, nous n'avons pas à nous arrêter longuement sur le talent. Il n'a pas de substratum anatomique. Il ne repose pas sur un développement particulier des centres. Il ne se distingue ni dans l'essence, ni même dans les proportions, des gens en qui on ne reconnaît pas de talent particulier. Je ne suis pas très éloigné d'exprimer de façon plus absolue encore cette idée, et de dire : Il n'existe même pas de talent. Il ne faut tout au moins entendre par ce mot rien de spécifique. Ce qui existe, c'est l'application et l'occasion, c'est-à-dire l'occasion de l'exercice et du développement. Tout homme normal, — désignation qui exclut par conséquent maladie, arrêt de développement et infériorité au type moyen actuel de l'humanité blanche, — a en lui tout ce qui est nécessaire pour accomplir chaque activité en une façon que l'on désigne habituellement de « talentueuse ». Il ne doit pour cela que se livrer exclusivement ou principalement à cette activité. De tout enfant moyen parfaitement sain, on peut faire tout ce que l'on veut, quand on l'y dresse rationnellement, suffisamment longtemps et assez sévèrement. Avec l'entraînement approprié, il ne serait pas difficile de former des régiments, même des armées de tout ce que l'on voudrait, artistes, écrivains, orateurs, savants, sans sélection préalable, au hasard ou suivant le caprice, comme on incorpore des recrues dans l'armée, et chaque homme de ces armées devrait absolument être reconnu comme un talent. Sur cette prémisse tacite repose tout notre système d'éducation. L'école suppose que tous les écoliers sont également doués et peuvent atteindre les mêmes buts scolaires; elle a en conséquence pour tous les mêmes méthodes pédagogiques, les mêmes devoirs, la même matière d'enseignement. S'il y a cependant en réalité de bons et de mauvais élèves, cela dépend uniquement, en tant qu'on peut faire abstraction des cas de développement imparfait, c'est-à-dire non typiques et pathologiques, de l'application plus ou moins grande des sujets, ou de leur possibilité de se consacrer plus ou moins exclusivement aux tâches de l'école. Il est vrai que ces armées de savants, d'orateurs, de poètes, de peintres, etc., ne créeront jamais quelque chose de nouveau ; elles n'élargiront jamais la frontière de leur spécialité, ne reculeront jamais ses buts ; mais ce qui a été fait avant eux, ils le répéteront très adroitement, très facilement, très irréprochablement, et celui qui peut cela, on le dit un talent. Il y a assez d'exemples de gens qui, en fait, ont dû être reconnus comme des talents dans les domaines les plus variés. Je me contenterai de rappeler les talents universels de la Renaissance, et, comme exemple individuel, de nommer entre autres un Urbino Baldi, qui était à la fois philologue, peintre, mathématicien, médecin, poète, savait seize langues, enseigna la médecine à l'Université de Padoue, et fit très bien en tout ordre de choses. Aux siècles précédents, de tels talents universels n'étaient pas rares, et aujourd'hui encore on pourrait en cultiver autant qu'on veut, si le domaine du savoir ne s'était pas si considérablement accru. Il faut de nos jours beaucoup plus de temps pour imiter habilement ce qui a déjà été accompli auparavant. C'est là une question d'années, non de disposition. Si les hommes vivaient deux cents ans, le même homme pourrait aujourd'hui, comme au temps de la Renaissance, acquérir à fond nombre de facultés variées, et arriver dans chacune d'elles à l'habileté qui ferait de lui un talent dans cette spécialité.

Mais que ferai-je des soi-disant vocations prononcées pour telle ou telle carrière? Un enfant veut de

bonne heure devenir soldat, un autre musicien, ou
naturaliste, ou ingénieur. Cela indique pourtant qu'il
y a en lui quelque chose qui manque complètement
à d'autres ou ne leur appartient pas dans cette
mesure. Sans doute : voilà ce qu'on dit. Toutefois, je
crois que dans tous ces cas de la prétendue vocation
d'un enfant pour une carrière, on table sur des
observations inexactes. Le plus souvent, un enfant
s'éprendra d'une vocation déterminée, par suite d'une
circonstance extérieure, par l'exemple de son entou-
rage, par les conversations tenues devant lui, par des
livres tombés fortuitement entre ses mains ou des
spectacles qu'il aura vus; et lorsque toutes les vocations sont encore indifférentes à un enfant, il suffit
d'une très faible impulsion pour attirer l'attention
sur l'une plutôt que sur les autres. Et dans le petit
nombre de cas qui ne sont pas explicables de cette
façon, la soi-disant inclination pour une vocation
déterminée n'est nullement telle; elle n'est qu'une
aversion prononcée contre d'autres vocations, aversion qui repose sur le sentiment d'inaptitude à certaines activités, laquelle, à son tour, est déterminée
par le développement défectueux de certains centres
nerveux. Mais ici nous sommes déjà parvenus sur le
terrain pathologique, nous avons devant nous des
individus qui, dans une direction quelconque, restent
en arrière du type normal ; or, mon axiome que le
talent n'est qu'un développement dû à un exercice
suffisant, ne doit être appliqué qu'à des individus du

type normal pleinement et complètement développés. Regardez attentivement, et vous verrez que chaque fois qu'un adolescent s'échappe du collège ou du comptoir pour devenir artiste ou soldat, ce n'est pas par une vocation irrésistible pour le métier d'artiste ou de soldat qu'il a agi, comme il se le figure plus tard lui-même, mais par horreur des mathématiques ou de la sévère discipline d'une maison d'affaires, et en s'imaginant vaguement que l'autre carrière sera plus facile et plus agréable que la première. Ce transfuge n'a pas quelque chose de plus que les autres, une faculté déterminée pour l'art ou pour le métier militaire, mais il a quelque chose de moins que les autres, la faculté de se soumettre à la contrainte de l'étude régulière ou de la discipline commerciale.

Après tout ce que nous avons dit, la question de l'hérédité du talent se résout d'elle-même. Puisque je ne crois pas au talent comme à quelque chose de préformé dans l'organisme, je ne puis non plus croire à son hérédité. Ce qu'on allègue comme faits d'observation à ce sujet ne peut m'impressionner, pas plus que le livre tant vanté de Galton, que, par un emploi curieusement inexact du substantif, il a intitulé *Génie héréditaire*. Si dans une famille on observe une succession de soi-disant talents d'une même direction, cela ne prouve absolument rien. Qu'y a-t-il de plus naturel que l'enfant soit incité de bonne heure, par l'exemple de son père ou de son

oncle, à donner à sa pensée une direction déterminée ? Le fils du médecin est entouré depuis son
enfance de représentations de nature médicale et
scientifique ; s'il n'a pas l'esprit obtus, il doit nécessairement s'occuper de ces représentations ; elles le
pousseront à choisir la carrière paternelle ou une
carrière apparentée, et s'il est un homme normal, il
fera évidemment bien dans la profession choisie,
c'est-à-dire deviendra un talent. A-t-il pour cela
hérité un talent déterminé de son père ? Non. Son
aptitude à apprendre parfaitement toutes les activités humaines a seulement été dirigée, par l'exemple
du père, sur l'étude de l'activité paternelle. Fils d'un
général, ce même garçon serait devenu un talent
militaire ; fils d'un peintre, un artiste talentueux ;
dans tous les cas, une médiocrité convenable, mais
s'élevant difficilement plus haut. L'apparition de
plusieurs talents de la même espèce dans une famille,
bien loin de montrer l'hérédité du talent, prouve
directement le contraire ; elle prouve que dans
chaque carrière où il est poussé par tradition de
famille, un enfant normalement développé peut parvenir au rang de talent par le seul effet de l'exemple,
sans qu'il soit nécessaire pour cela d'une formation
organique particulière. Une épreuve décisive pourrait résoudre définitivement la question ; mais elle
n'a jamais été faite, que je sache. Ce serait qu'un
enfant ramassé sur le pavé et élevé à l'hospice,
choisît par inclination irrépressible, malgré une

école qui ne favoriserait spécialement aucune carrière, une vocation déterminée, y obtint des résultats convenables, quoique non extraordinaires,
découvrit plus tard son origine, et trouvât qu'il
sort d'une famille ayant déjà produit des talents
dans cette même profession. Cette preuve devrait
être plusieurs fois fournie, afin qu'on pût exclure
l'effet d'un hasard. Seulement alors il serait prouvé
qu'un talent déterminé est héréditaire. Mais, je le
répète, il n'est pas à ma connaissance que cette
épreuve décisive ait jamais été faite, et je doute fort
qu'elle le soit jamais.

Il en va tout autrement avec le génie. Celui-ci
n'est pas un synonyme d'adresse acquise par un
exercice suffisant. Ce n'est pas un type normal qui
s'est bien développé par suite de conditions favorables. Le génie est une formation extraordinaire
qui s'écarte des formations normales. Il repose sur
le développement particulier d'un centre nerveux,
parfois aussi, possiblement, de plusieurs centres ou
même de tous. Il accomplit en conséquence d'une
façon extraordinairement parfaite toutes les activités
auxquelles président les centres exceptionnellement
développés chez lui, beaucoup plus parfaitement que
des hommes du type moyen, eussent-ils amené par
l'exercice leurs centres correspondants au plus haut
degré de perfection qui leur soit accessible. Au point
de vue purement physiologique, on devrait en réalité
parler de génie dans tous les cas où un centre quel-

conque, voire même un tissu quelconque, est développé d'une façon extraordinaire, dépassant de beaucoup la mesure normale. Un homme excessivement
robuste, qui serait capable d'accomplir sans relâche
les plus durs travaux, de rester exposé à toutes les
injures du temps, d'être privé de sommeil, insuffisamment nourri, mal habillé, et, malgré tout cela,
de n'être nullement atteint dans sa santé, un homme
de ce tempérament pourrait être nommé un génie de
vitalité, car ses centres les plus inférieurs, ceux qui
président aux plus simples fonctions de l'organisme,
aux plus intimes travaux mécaniques et chimiques
de la cellule vivante, devraient être chez lui extraordinairement parfaits. Il devrait avoir notamment
des phagocytes d'une activité merveilleuse. Milon de
Crotone était, dans ce sens, un génie musculaire.
Le tissu musculaire avait chez lui un développement
qui n'a été atteint chez aucun autre homme connu des
anciens. Aussi put-il faire des choses qui n'avaient
jamais été faites avant lui, qui ne paraissaient pas
possibles aux hommes normaux, et qui ne leur
étaient pas non plus possibles. Il fendait des arbres
avec les mains. C'était une méthode de bûcheron
dont personne ne s'était avisé avant lui, et qu'on ne
put reproduire, en dépit de tout exercice. C'est à
peine si on a pu la tenter sur des arbres beaucoup
plus minces et beaucoup plus faibles. Il y a eu assurément des talents musculaires qui sont arrivés, par
un exercice continu, à accomplir sur de jeunes troncs

la prouesse que le génie musculaire seul a pu accomplir du premier coup, sans modèle ni exercice, sur de vieux arbres. Il pourrait y avoir un homme en possession d'une ouïe si parfaite, qu'il percevrait avec la plus grande netteté, en se promenant dans la rue, ce qu'on dirait ou même chuchoterait dans les chambres les plus reculées des maisons. Ce serait un génie de l'ouïe. Il apprendrait sans peine, le plus naturellement du monde, bien des choses et pénétrerait des secrets que l'homme normal ne soupçonnerait même pas qu'on peut deviner. Mais nous ne qualifions pas de génie les perfections de ce genre, parce qu'elles ne sont pas exclusivement humaines. Chaque être vivant possède les centres les plus bas des processus vitaux et les phagocytes, et si l'homme robuste esquissé plus haut était taxé de génie de la vitalité, la grenouille légendaire qui vit une longue suite de siècles incluse dans une pierre, ou un chat qui reste enfermé six semaines sans nourriture dans une rigole en fer sous des décombres d'incendie et ne meurt pas, auraient droit à pareille qualification. De même, Milon de Crotone, avec sa force musculaire, se range tout au plus dans la même série qu'un éléphant particulièrement fort ou même seulement qu'une puce exceptionnelle, qui peut sauter beaucoup plus loin que toutes ses pareilles ; et un génie de l'ouïe ne s'élève pas au-dessus des animaux, chez lesquels tel ou tel sens est développé jusqu'à une perfection incompréhensible pour nous, comme le sens de la vue chez les rapaces diurnes, et le sens de l'odorat chez les chiens. Certains animaux ont des facultés présupposant un sens propre qui manque à l'homme. Le gymnote peut distribuer des coups électriques; le pigeon voyageur retrouve à travers des continents entiers la route de son colombier; certaines guêpes carnivores ont une connaissance si exacte de l'anatomie des arthropodes, qu'elles percent par des piqûres, dirigées avec une sûreté infaillible, les ganglions nerveux de tous les anneaux du corps d'une chenille, à l'exception des ganglions céphaliques, de sorte que la chenille est complètement paralysée, mais ne meurt pas, et peut, vivante, servir de nourriture à la progéniture de la guêpe, mais non lui nuire par ses mouvements dans le nid étroit. Toutes ces facultés manquent à l'homme. Et il aura de la peine à les acquérir, parce qu'il n'en a pas besoin. Il y supplée surabondamment par une faculté plus haute et plus vaste, celle du jugement. Il se crée des sources d'électricité plus puissantes que celles du gymnote. Il trouve, à l'aide de la boussole et de la carte, sa route aussi sûrement que le pigeon voyageur. Il apprend l'anatomie jusqu'à ce qu'il y soit encore plus expert que la guêpe du genre sphex. Mais on pourrait admettre en théorie qu'il existerait exceptionnellement un homme possédant l'organe électrique du gymnote, ou l'hypothétique organe d'orientation du pigeon voyageur, ou l'organe qui supplée chez la guêpe sphex à un manuel d'ana-

tomie et de physiologie, ou un organe qui lui permettrait de percevoir les mouvements qui s'effectuent
dans les centres cérébraux étrangers travaillant,
comme nous percevons avec les yeux et les oreilles
des mouvements d'autre espèce, par exemple de lire
des pensées. Un tel homme accomplirait des choses
que nous ne pourrions nommer que merveilleuses. A
part les gens d'une très haute culture, tout le monde
le tiendrait pour un sorcier. Mais on le qualifierait
difficilement de génie. Il nous faut réserver ce nom
pour les êtres chez lesquels est exceptionnellement
développé non quelque centre infra-humain ou extra-
humain, mais un centre purement et exclusivement
humain, un de ces centres suprêmes que l'homme
seul, parmi tous les êtres, possède complètement
organisés.

V

Cette limitation de son sens exclut l'abus du mot,
dont se rend habituellement coupable même la
parole attentive. Je citerai quelques cas, en choisis-
sant des morts, pour ne pas choquer inutilement les
vivants. On qualifie de génie, surtout dans les pays
germaniques, un Liszt, un Makart, un Dawison. Cela
n'est pas plus juste que si, d'après mon exemple
précédent, on qualifiait de génie un homme extraordinairement musclé. Dans les trois cas, il s'agit d'une
perfection particulière de centres très bas. Pour le

6.

prouver, il suffit d'analyser et de rapporter à ses derniers éléments le phénomène, évidemment très complexe, d'un pianiste, d'un peintre et d'un tragédien.

Prenons d'abord le jeu du piano. Il est produit par des mouvements des doigts, des mains et des bras (nous pouvons négliger les mouvements des pieds pédalant, relativement peu importants), et par des impulsions cérébrales qui rendent ces mouvements plus énergiques ou plus mous, plus lents ou plus rapides, plus égaux ou plus irréguliers. Il y a donc lieu de considérer ici en série descendante : un centre qui émet des impulsions motrices différemment fortes et d'un différent caractère, changeant avec une rapidité très grande ; des nerfs qui sont assez impressionnables pour transmettre ces impulsions avec la plus grande rapidité et précision, de sorte qu'ils n'éprouvent pas le moindre changement ni dans la quantité de leur énergie ni dans leur caractère ; enfin, des muscles des membres supérieurs qui graduent si exactement leurs contractions, que les mouvements restent toujours parfaitement proportionnels aux impulsions. Nous savons que le travail de la combinaison adaptée au but de mouvements musculaires, la coordination, a des centres déterminés, et nous pouvons supposer que les impulsions musicales naissent dans un centre de perception dont l'activité automatique est excitée par des impressions, surtout de l'ouïe, mais aussi d'autres sens et centres cérébraux, si ces impressions apparaissent toujours ou souvent associées à celles de l'ouïe. Des impressions de ce genre, non acoustiques mais habituellement associées à celles-ci, sont en première ligne les impressions sexuelles. L'homme primitif, comme aujourd'hui encore toute une série d'animaux, a très vraisemblablement accompagné sa vie amoureuse de manifestations sonores (cris rythmiques, chants), ce qui a laissé dans nos centres cérébraux une association organisée des activités du centre génésique et du centre de la perception musicale. L'un de ces centres est-il excité, l'autre entre en même temps en activité. Les sensations amoureuses éveillent donc des impulsions musicales, l'activité du centre des perceptions musicales provoque le travail du centre génésique. Mais c'est loin d'être l'unique lien de cette espèce. Chaque phénomène du monde extérieur implique en soi des excitations non pour un seul sens, mais pour tous les sens. Prenons le phénomène d'une matinée de printemps ensoleillée. Le sens principal auquel s'adresse ce phénomène est évidemment la vue, parce que la partie la plus essentielle de ce phénomène est la lumière solaire et l'effet particulier de celle-ci sur le paysage. Mais, en outre, l'odorat reçoit l'impression de parfum d'herbes et de fleurs, de vapeur d'eau et d'ozone; le toucher, l'impression de fraîcheur et d'un certain degré d'humidité; et l'ouïe, celle de certaines voix de quadrupèdes et d'oiseaux, de bruis-

sement de feuillages et d'autres bruits. Chaque
phénomène composé consiste ainsi dans les impressions de plusieurs sens ou de tous les sens ; ces
impressions diverses, dont les unes sont plus fortes,
les autres plus faibles, sont conservées par la mémoire comme tableau d'ensemble, et une impression
quelconque d'un seul sens éveille aussi dans les
autres centres sensoriels et de perception les impressions qui habituellement sont reçues simultanément
avec celle-ci. C'est ainsi que l'odeur caractéristique de
la matinée d'été à la campagne ou dans la forêt éveil-
lera en nous le phénomène entier d'une matinée d'été,
par conséquent aussi les autres impressions sensorielles dont elle se compose : l'impression tactile de
fraîcheur et d'humidité, l'impression auditive du cri
du coq, du chant de l'alouette, de l'aboiement du chien
et du son des cloches, etc. Quelque légère excitation
d'un sens quelconque peut donc, comme les autres
centres, exciter aussi le centre de perception acoustique à une activité qui sera de nature différente,
suivant la nature de cette excitation sensorielle.
L'enchaînement de l'activité des différents centres
s'effectue complètement en dehors de la conscience,
tout à fait automatiquement. La conscience ne peut
pas toujours non plus distinguer quelle impression
sensorielle a excité l'activité d'un autre centre, parce
qu'elle n'est pas habituée à analyser les phénomènes
et à établir quelle part a chaque sens à leur production ; mais elle tient habituellement pour la seule

essentielle une seule impression sensorielle, et néglige complètement les autres, plus faibles et plus subordonnées.

Pour ne pas trop m'écarter de mon sujet proprement dit, je me contenterai d'un seul exemple. Une partie du phénomène constitué par un tableau à l'huile est formée aussi par une impression de l'odorat, celle de la couleur ou du vernis ; mais cette impression est si faible et si inessentielle à côté de l'impression visuelle, que nous nous en apercevons difficilement ; nous la négligeons complètement, et ne réfléchissons pas que le centre de l'odorat a aussi une part à l'élaboration de la représentation « tableau à l'huile » dans notre conscience. Cependant il suffit que le centre de l'odorat reçoive une fois une impression sensorielle semblable, c'est-à-dire celle du vernis ou de la couleur, pour exciter aussi les autres centres au travail que par habitude ils accomplissent ensemble, chaque fois qu'ils élaborent la représentation « tableau à l'huile » ; dans notre conscience apparaîtra donc soudainement la représentation d'un tableau, sans que nous puissions nous expliquer par quelle association ce tableau a surgi subitement dans notre mémoire. C'est là une des formes les plus essentielles des associations d'idées ; ainsi s'expliquent les dispositions d'esprit qui se glissent en nous, nous ne savons comment ; peut-être aussi la plupart des rêves dans lesquels les centres sensoriels, avec une activité faible ou suspendue du centre de la conscience, élaborent automatiquement de très faibles impressions extérieures en des représentations dont ces impressions forment une partie constitutive.

Pour être un éminent pianiste, un individu doit donc remplir ces conditions : il faut qu'il possède un système nerveux très impressionnable, par conséquent fonctionnant bien ; son centre de sensation acoustique doit être facilement excité par les impressions extérieures, non seulement par celles de l'ouïe, mais, en vertu du mécanisme expliqué tout à l'heure, par celles aussi des autres sens, à émettre des impulsions, et son centre de coordination doit être particulièrement parfait, de façon à pouvoir combiner, tout en les changeant avec la plus grande rapidité, les mouvements les plus délicats, les plus précis et les plus compliqués des muscles de la main.

Le rang du pianiste est déterminé par la prédominance de l'un ou de l'autre centre. Si c'est son centre de coordination qui est principalement développé, il sera un brillant technicien qui surmontera toutes les difficultés en se jouant, mais produira l'impression de la froideur et du manque d'âme. Si, au contraire, à côté du centre de coordination, le centre de la perception acoustique est également développé d'une façon éminente, le jeu ne sera plus seulement techniquement adroit, mais reflétera aussi des impulsions sensitives changeantes et variées, c'est-à-dire sera animé et plein d'âme. Un centre de perception acoustique extrêmement développé sera capable d'émettre des impulsions plus puissantes que les impulsions habituelles et connues, et de combiner celles-ci d'une façon nouvelle, originale ; il forme le substratum psycho-physique d'un génie compositeur; c'est la marque d'un Beethoven. Un centre de perception acoustique tout aussi développé, auquel s'associe un centre de coordination bien développé, donne une personnalité qui est un génie comme compositeur et en même temps éminent comme pianiste; par exemple, un Mozart. Si le premier centre est encore d'une rare perfection, mais que cependant le second prédomine, alors il s'ensuit un de ces compositeurs dont la musique ne produit ses pleins effets que quand elle est jouée par eux-mêmes ou tout à fait fidèlement selon leur manière individuelle, c'est-à-dire suivant la nature originale de leur centre de coordination ; ainsi, par exemple, un Chopin. Enfin, un centre de coordination extrêmement bien développé, avec un centre de perception acoustique un peu, mais pas beaucoup au-dessus de la moyenne, donne un merveilleux pianiste et un remarquable assimilateur musical, mais un compositeur à peine moyen, tel que Liszt, que l'on nomme abusivement un génie. Ce génie reposerait, comme nous l'a montré une analyse détaillée, sur un extraordinaire développement du centre de coordination, c'est-à-dire serait un génie de coordination. Mais ce centre est bas, non exclusivement humain, et son développement exceptionnel ne donne pas droit à la désignation de « génie », qui doit être réservée pour la perfection de centres spécifiquement humains.

Une coordination parfaite nous est présentée par certains animaux aussi, notamment par les singes, dont les tours de gymnastique et d'équilibre ne peuvent être imités que par bien peu d'hommes. Chez l'homme lui-même, le fonctionnement remarquable d'activités relativement basses présuppose également des centres de coordination très parfaits. On doit, par exemple, pour être un excellent patineur, posséder un centre de coordination des membres inférieurs exquisément développé. Cette même perfection, associée à un centre de perception acoustique bien développé, donnera un éminent danseur; au contraire, elle formera le substratum psycho-physique d'un excellent cavalier, si, au lieu d'être associée à un centre remarquable de perception acoustique, elle est associée aux centres bien développés de la volonté, cette partie essentielle du courage, et du jugement. Un haut développement du centre de coordination des membres supérieurs donne également toute une gamme de facultés différentes, selon le genre des centres supérieurs, qui sont simultanément bien développés et lui envoient leurs impulsions. La combinaison du centre de coordination et du centre de perception acoustique donne, comme nous l'avons vu, le pianiste; la combinaison du premier et des centres de volonté et de jugement donnera un excellent escrimeur. Ainsi existe un curieux parallèle entre le danseur et le pianiste, d'une part, entre le cavalier et l'escrimeur, de l'autre. Il n'est donc pas plus juste de parler d'un pianiste « génial », que de donner le titre de génie à un danseur, à un cavalier ou à un escrimeur.

La matière que je traite là est immense. Elle permettrait les développements les plus étendus non en chapitres, mais en épais volumes. On pourrait presque combiner à l'infini les différents centres et voir quelle faculté particulière en résulte. Nous laissons cette besogne au lecteur qui y aura été incité par les exemples fournis.

Je veux encore toucher, sans l'épuiser, une autre question. Que devient un homme qui a les dispositions organiques d'un Liszt, s'il naît avant l'invention du piano ou de tout autre instrument mis en action par des mouvements manuels ? Alors ne s'effectue simplement pas la combinaison caractéristique des deux centres, dont l'un est extraordinairement développé, et l'autre l'est suffisamment. Chacun alors travaille isolément, et nous voyons, au lieu d'un Liszt, un être qui se distingue par une grande habileté du doigté dans tous les travaux manuels, par exemple par sa dextérité à faire des nœuds ou des tresses, peut-être aussi par des tours de prestidigitation remarquables, et offre à côté de cela des dispositions musicales qui peuvent se manifester simplement par l'amour du chant des autres, peut-être aussi par des essais personnels de chanter ou de siffler. Même l'activité du centre le plus noble, qui entre en considération chez un pianiste et dont le développement suprême donne réellement un génie, quelque chose comme un Beethoven, celle du centre de perception acoustique, est encore purement automatique, purement émotionnelle, et reste inférieure à toute activité cogitationnelle. Celle du centre moins noble, le centre de coordination, n'est plus du tout une activité intellectuelle, exclusivement humaine, mais une activité qui est propre aussi à un très grand nombre d'organismes en dehors de l'humanité, et l'est même à un haut degré de perfection.

VI

Appliquons maintenant cette méthode d'analyse au phénomène d'un peintre, par exemple d'un Makart. Une œuvre d'art picturale, un tableau, est de nouveau quelque chose de très compliqué, dont les éléments simples peuvent participer dans les proportions les plus diverses à la production du phénomène entier. Ce que l'on considère dans un tableau, c'est d'abord l'effet coloristique, puis la forme, et finalement le contenu intellectuel, qu'on le nomme sujet (anecdote), ou composition. Notre centre de perception lumineuse est ainsi construit, qu'il ressent comme agréables les impressions de certaines couleurs et leurs combinaisons, et celles d'autres couleurs comme désagréables. Sur quoi repose cette différence de sensation subjective, c'est ce que je ne puis expliquer avec certitude. Helmholtz et Brücke ont publié sur cette question de belles recherches et rendu au moins très vraisemblable ce fait, que l'effet subjectif de la combinaison des couleurs comme des sons dépend des rapports du nombre, de l'étendue et de la forme des vibrations ou ondulations, qui probablement provoquent dans nos organes sensoriels les modifications ressenties par nous comme couleurs ou sons. D'après ces grands physiologistes, il y aurait donc, dans l'acte de sentir agréablement ou désagréablement des couleurs et des sons, la constatation inconsciente de rapports arithmétiques et géométriques simples ou compliqués des mouvements de l'éther ou de la matière. Que cela soit ou non, c'est un fait empirique : il y a des couleurs et des combinaisons de couleurs agréables et désagréables. Un centre de perception optique particulièrement bien développé permettra à un homme, d'abord de sentir d'une manière particulièrement intense les impressions colorées, c'est-à-dire d'éprouver un plaisir particulier à des couleurs bien accordées, et un déplaisir particulier à des couleurs discordantes ; ensuite, de trouver lui-même les couleurs et les combinaisons de couleurs qui produisent une sensation de plaisir particulièrement forte. Le centre qui entre ici en considération, est, comme tous les centres sensoriels, de la classe des centres cérébraux inférieurs. Ce n'est pas un centre essentiellement humain, mais un centre répandu à travers toute la série animale jusqu'à un échelon placé très bas. Nous pouvons supposer que beaucoup d'oiseaux, et même des papillons, des scarabées et des mollusques eux-mêmes le possèdent, sans quoi la splendide coloration de ces animaux serait absolument incompréhensible ; en effet, depuis Darwin, on admet assez généralement que les belles couleurs des animaux ont été obtenues par la sélection sexuelle, c'est-à-dire par le fait que l'individu qui en était orné a été favorisé par les individus du sexe opposé, ce qui ne se comprendrait pas, si l'on ne supposait pas chez ces individus le sentiment de l'effet des couleurs, le plaisir de contempler les belles couleurs. Par son simple sentiment des couleurs, c'est-à-dire par le plaisir qu'il ressent à la vue des belles couleurs, l'homme ne devient encore que l'égal de la pie, de l'œil de paon ou de l'actinie. Le développement du centre de perception lumineuse suffit seulement à une manifestation artistique : à la production d'ornements agréablement polychromes de surfaces, c'est-à-dire de tapis, de tapisseries et de décorations murales aux couleurs bien accordées entre elles. Les tableaux proprement dits, nés sous l'impulsion de ce centre, produisent peut-être le même effet que de jolis tapis orientaux, mais occuperont cependant, comme œuvres d'art, un rang moins élevé que ceux-ci, parce qu'ils sont loin d'être aussi parfaits en leur genre que de beaux tapis.

Le second élément à considérer dans une peinture, est la forme. Le tableau cherche en effet à nous donner l'illusion d'une apparition de la forme des choses. Les moyens dont se sert la peinture pour amener cette illusion, sont le dessin et la couleur. (Il est bien entendu que je ne m'attache à cette distinction que pour la commodité ; car ce que nous nommons dessin n'est au fond également qu'un effet de couleurs ; le dessin aussi nous donne l'illusion des objets par un contraste de degrés d'intensité lumineuse ou coloristique, habituellement de noir et de blanc.) Dans la nature, nous voyons les objets selon leur situation dans l'espace, c'est-à-dire selon leur distance de nous et les uns des autres, selon leur position au-dessus ou au-dessous de nous, ou à côté de nous, en forme, en dimensions et en éclairage différents. La même boule nous semble grande quand elle est près de nous, petite quand elle en est éloignée ; à tel moment, quand elle est convenablement éclairée, nous en voyons une pleine moitié ; dans d'autres cas, seulement un croissant plus ou moins large ; qu'elle soit globuleuse, nous ne le reconnaissons pas directement, mais simplement parce que la partie la plus en relief, la plus proche de nous, est éclairée autrement, montre une autre coloration que les parties situées dans un plan plus reculé. Quoique l'image que produit cette boule sur notre rétine soit autre dans chaque position, nous la ramenons néanmoins à une seule et même cause ; nous reconnaissons, dans ce que nous voyons, toujours la même boule, que nous la voyions grosse de près, petite de loin, que nous en voyions l'hémisphère ou un croissant, que nous la voyions éclairée par devant, plus lumineuse au milieu et plus obscure vers les bords, ou, éclairée par derrière, plus obscure au milieu et plus claire vers les bords. Ce qui nous a enseigné à interpréter les images, c'est-à-dire les impressions de la rétine, c'est l'expérience que nous avons acquise par la collaboration des autres sens et du jugement. En réalité, nous ne voyons que des images planes dont toutes les parties sont situées sur un même plan et ont différentes grandeurs, différentes couleurs et différents degrés de luminosité. Qu'à ces différences de couleur, de dimension, d'éclairage, répondent des différences de distance, que les objets nous apparaissant sur le même plan soient situés en réalité sur différents plans, nous ne le savons que par l'expérience. Pour savoir qu'une image plane de forme circulaire, autrement éclairée au milieu que sur les bords, est une boule, il nous faut avoir palpé une fois un tel objet, il nous faut nous rappeler les mouvements qu'a dû exécuter notre main pour circonscrire la surface de cet objet; le sens musculaire doit venir en aide à notre sens visuel et compléter les indications de celui-ci. Il nous faut de même, pour savoir qu'une maison qui nous paraît petite et vague est en réalité spacieuse, mais éloignée, avoir fait une fois la route vers un semblable objet petit et vague, et nous rappeler à quels mouvements ont dû se livrer nos jambes pour que, finalement, l'objet petit et vague devînt un objet spacieux et nettement contourné. Or, la peinture imite les objets non comme ils sont véritablement, mais comme ils se reflètent habituellement sur notre rétine, par conséquent dans leurs conditions apparentes de dimension, de couleur et de luminosité ; et lorsque celles-ci sont exactement reproduites, nous nous abandonnons à notre habitude acquise et interprétons cette image plane comme nous interprétons habituellement les images planes de notre rétine ; c'est-à-dire que nous voyons dans une petite tache vaguement indiquée, malgré son exiguïté, une grande maison ; quoiqu'elle se trouve là, sur la toile, à une largeur de main de notre œil, nous y voyons une maison éloignée ; bien qu'elle soit placée sur la même toile avec beaucoup d'autres objets, une maison qui est située sur un tout autre plan beaucoup plus reculé que, par exemple, les arbres ou d'autres objets du premier plan. Le travail d'interprétation ne s'accomplit naturellement pas dans l'œil, mais dans les centres supérieurs, ceux de la mémoire et du jugement, et l'impression visuelle ne fait que l'exciter. Ainsi, pour provoquer une image dans notre conscience, le peintre n'a réellement besoin que de nous mettre sous les yeux un seul signe, soit le contour, soit l'effet lumineux de l'objet en question. La mémoire ajoute automatiquement les autres signes, parce qu'elle est habituée à toujours voir apparaître ce signe avec d'autres. De cette façon, nous croyons souvent voir avec nos yeux sur un tableau des choses qui ne sont pas sur la toile, que notre œil, par conséquent, ne peut pas voir, que nos centres cérébraux ajoutent, et à l'aide desquelles ils complètent d'eux-mêmes les indications que le peintre a introduites dans son tableau.

Un exemple seulement à l'appui de ceci. Nous croyons voir sur un tableau tous les poils d'une barbe, les feuilles individuelles d'un arbre. Or, le peintre n'a peint ni poils ni feuilles, mais un certain effet de lumière sur une surface irrégulière brune ou verte; seulement, comme nous avons observé souvent cet effet de lumière sur des barbes et des cimes d'arbres et fait l'expérience qu'il présuppose des poils ou des feuilles, notre mémoire les rapporte sur le tableau aussi à des poils ou à des feuilles qui n'y sont nullement, et nous voyons dans nos centres cérébraux quelque chose que nos yeux ne voient pas du tout. L'art du peintre consiste à trouver les signes des objets et à les reproduire tels que notre rétine les ressent habituellement dans la réalité. Celui-ci peut reproduire tous les signes ou seulement quelques-uns, mais les essentiels. Le simple contour ne rappelle qu'un seul signe, la limitation des objets, et exige donc l'aide très étendue des centres cérébraux, s'il doit éveiller à lui seul une représentation des objets. Le contour perspectif nous donne déjà une représentation des rapports des objets dans l'espace, car nous retrouvons en lui les différences de dimension apparentes que nous observons dans la nature. Le dessin ombré ajoute aux objets un signe de plus, la différence d'éclairage qui nous facilite dans la nature l'appréciation de la dimension et des distances, et par là la connaissance de la nature de l'objet. La couleur enfin nous fournit le dernier signe, que le sens visuel peut percevoir, et le tableau exact par le contour, la perspective, l'éclairage et la couleur, produit sur l'œil absolument la même impression que les objets eux-mêmes, de telle sorte qu'il est impossible aux centres supérieurs de distinguer une impression de l'autre, et de ne pas reconnaître les objets mêmes dans l'imitation peinte des objets, alors que tous leurs signes optiques sont reproduits. Le travail du peintre est une analyse très aiguë de ses représentations, dans lesquelles il doit distinguer la part des centres supérieurs de celles des impressions visuelles. Pour nous en tenir à l'exemple donné : quand il voit un feuillage, il doit analyser cette aperception et remarquer qu'il voit avec les yeux non des feuilles, mais seulement une surface verte irrégulière éclairée d'une façon particulière, que sa mémoire seule transforme en l'image de feuilles individuelles; il ne doit donc pas reproduire des feuilles qu'il se représente sans les voir réellement, mais seulement la surface verte éclairée de façon particulière que son œil perçoit véritablement.

7.

Le profane n'a pas idée combien ce que voit réellement notre œil est différent de ce que nous nous représentons, quand nous recevons une impression visuelle déterminée. Mais le peintre doit s'abstraire complètement de l'aperception et s'en tenir simplement à l'impression sensorielle qui évoque l'aperception. Cette analyse s'effectue inconsciemment. Elle repose sur une aptitude à innerver, en partant des centres de perception lumineux, les muscles qui sont mis en mouvement quand on dessine et qu'on peint, sans qu'ait lieu une intervention des centres supérieurs de la mémoire et du jugement. La main peut, de cette façon, seulement dessiner et peindre ce que le centre de sensation lumineuse éprouve, c'est-à-dire voit réellement, et non ce que les centres supérieurs y ajoutent en complétant ou en modifiant. La liaison directe des centres de sensation lumineuse avec les centres moteurs, qui est le substratum organique du don de la peinture et du dessin, n'exclut pas complètement l'intervention de centres plus élevés. Ceux-ci font un choix parmi les éléments de l'impression que le centre de sensation lumineuse reçoit d'un objet, et n'en retiennent que quelques-uns, les essentiels, qui ensuite sont reproduits au moyen des mouvements musculaires, tandis que les éléments non essentiels restent plus ou moins négligés. Le sentiment encore inconscient dans beaucoup de cas qu'un signe, un contour, un effet de lumière sont plus aptes à éveiller une représentation d'un objet déterminé qu'un autre signe, élève l'activité du peintre de la fonction des sens et des muscles à celle de l'intelligence, et fait qu'un tableau est quelque chose d'autre qu'une photographie. Néanmoins, cette activité est encore assez subalterne; elle ne procède que pour une bien faible partie des centres suprêmes, et ne s'adresse pas aux centres suprêmes. Son résultat est une œuvre d'art dont l'unique mérite est la vérité; mais une vérité sans intérêt, et qui ne nous suggère rien. Un individu qui possède la faculté de reproduire ses impressions visuelles directement, sans mélange des compléments fournis par la mémoire et par le jugement, pourra dessiner, et, s'il a en outre le sens de la couleur, peindre aussi une excellente nature morte. Il deviendra un classique de l'asperge et des huîtres, et triomphera dans la reproduction de chaudrons en cuivre et de verres à boire le vin du Rhin. Il fera bien ce que le Sar Péladan appelle, d'une expression espagnole, les « bodegones » (peintures de comestibles), mais il ne s'élèvera pas plus haut.

Et maintenant nous arrivons au troisième élément dont il faut tenir compte dans un tableau, à son contenu intellectuel, c'est-à-dire à ce qu'il représente, à son sujet, à son idée. Ce même don d'analyse qui rend possible au peintre de séparer le véritable phénomène optique des objets de leur image psychique et de saisir et reproduire les éléments les plus essentiels de ce phénomène, lui permet, quand il est supérieurement développé, de fixer et d'imiter aussi le véritable aspect optique de faits complexes, d'événements humains. Aussi peu nous voyons réellement la convexité d'une boule, aussi peu nous voyons un mouvement ou un état d'âme. Dans ce cas-là nous voyons réellement un cercle plan caractéristiquement éclairé, dans celui-ci une série d'images successives ou une certaine position des muscles visuels, des membres et du corps. Mais l'expérience nous a enseigné que le cercle plan, quand il est éclairé d'une certaine manière, représente une boule, et nous savons également par expérience qu'une série d'images identiques qui apparaissent successivement sur notre rétine, et qui, pour être toujours vues nettement, exigent des mouvements de nos muscles oculaires et cervicaux, signifient mouvement de l'objet vu, et que les sourcils froncés et les poings fermés indiquent la colère chez un homme. Le peintre saisit donc le signe optique caractéristique, par exemple, de la colère, de la joie, du chagrin, et, en le reproduisant fidèlement, éveille en nous l'idée qu'il a représenté l'état d'âme correspondant, en réalité non représentable.

Ces considérations indiquent les limites de l'art du peintre. Cet art est d'abord purement historique ; cela signifie qu'il peut seulement représenter des faits que nous avons déjà vus de cette façon ou d'une façon semblable, dont les signes optiques nous sont connus. Si le peintre voulait représenter des

faits qui nous sont complètement inconnus, nous
nous trouverions en face d'un phénomène optique
que nous ne pourrions interpréter; la rétine rece-
vrait des impressions, mais la mémoire et le jugement n'y ajouteraient rien, et le tableau produirait
seulement un effet sensoriel et nullement une aperception, que le peintre ne peut donner avec les
moyens de son art, qu'il ne peut que suggérer, et
que notre propre esprit doit élaborer sur la base de
l'occasion fournie par le peintre. La peinture ensuite
n'est pas capable de représenter des processus intellectuels très différenciés, mais elle doit s'en tenir à de
larges et compréhensives généralités. Elle ne peut
exprimer cette idée particulière : « Je suis mécontent
de la façon dont j'ai passé mes dernières dix années,
et notamment de la carrière que j'ai choisie », et
elle peut tout au plus exprimer en général ce sentiment : « Je suis mécontent. » Pourquoi? Parce que
le mécontentement en général a un signe visible, un
certain air et une certaine attitude, tandis que le
mécontentement d'une carrière ou d'une période de la
vie ne se distingue du mécontentement en général par
aucun signe optique particulier n'appartenant qu'à
lui seul. Ces limites de la peinture ont pour conséquence qu'elle est un art purement émotionnel et ne
peut être un art cogitationnel. Ce qui est complètement nouveau, purement personnel, ce qui ne se
rattache à rien de connu, lui est inaccessible. Le
génie du peintre consistera à trouver premièrement,

même pour des faits très compliqués, des signes optiques qui ne sont propres qu'à ceux-ci et à nuls autres, mais qui échappent à toute autre analyse qu'à la plus aiguë et la plus pénétrante ; secondement, à reproduire avec la plus grande fidélité les signes qu'il a perçus ; et troisièmement, à choisir des faits considérables pour objet de sa représentation. Le talent seul, et à plus forte raison l'incapacité, ne pourraient jamais, au moins sur les deux premiers points, égaler le génie, car ils sont impuissants à réduire le phénomène même à ses signes optiques essentiels, et à reproduire caractéristiquement ces signes ; tout ce qu'ils peuvent, c'est imiter l'analyse picturale des phénomènes qui leur est offerte par le génie.

Nous tenons maintenant les éléments simples dont la réunion donne un génie pictural : sens de la couleur, aptitude à distinguer dans un phénomène ce qui est vu véritablement par l'œil de ce qui y est ajouté par l'activité intellectuelle ; enfin, pouvoir de ramener des faits complexes aux signes optiques n'appartenant qu'à eux seuls, et permettant aussitôt de les interpréter exactement. Les deux premières aptitudes sont subalternes et automatiques ; leur possession ne saurait donner lieu à la qualification de « génie ». La troisième, au contraire, présuppose déjà l'intervention de centres élevés et implique une activité neuve, originale : la faculté de trouver des signes optiques caractéristiques non encore envisagés jusque-là comme tels. Ces trois aptitudes n'ont pas nécessairement besoin d'être réunies et developpées dans la même mesure. Selon la prédominance de l'une ou des autres, la physionomie du génie pictural deviendra autre aussi. L'aptitude analytique, la vérité et le sens de la couleur dans une perfection à peu près égale, donnent un Raphaël; avec cela on crée une Madone Sixtine reproduisant les signes essentiels du phénomène qui, chez l'homme (beaucoup moins chez la femme et nullement chez l'individu non adulte), éveille les plus puissantes émotions; c'est-à-dire, du féminin parfaitement beau et pur, qui excite ses centres sexuels, et du divin, qui parle à son sens hérité du mystique; une Madone qui donne en outre, par le dessin et la couleur, l'impression de la vérité, et agit agréablement sur les sens par l'effet de son harmonie coloristique. Un Murillo et un Velasquez ont une tonalité chromatique aussi agréable et une plus grande vérité optique, mais ils n'éveillent pas toujours les mêmes émotions, parce que le contenu de leurs œuvres les plus importantes n'en appelle pas à deux sentiments aussi puissants que la sexualité et le mysticisme, mais ou à ce dernier seul ou à la simple curiosité, à l'intérêt plus ou moins superficiel pour un événement humain. (Je ne pense pas ici aux Madones de Murillo, parce que je ne les tiens pas pour ses meilleures créations, mais à ses grands tableaux épiques de la Caridad de Séville.) Charme des couleurs, suffisante vérité et appel non aux émotions profondément humaines, mais à des émotions plus étroites et plus spéciales, patriotiques et nationales, donnent un Paul Véronèse ; vérité et contenu élevé sans charme particulier des couleurs, un Cornélius ou un Feuerbach. S'il manque au peintre le don suprême, celui de reproduire des phénomènes ou des faits considérables dans leurs signes optiques essentiels, mais si la vérité optique et le sens des couleurs existent à un degré éminent, nous avons un Leibl, un Meissonier, un Hondekoeter, artistes qui font des choses surprenantes et agréables, mais peuvent difficilement éveiller des émotions un peu profondes, et qu'on ne sera plus en droit de qualifier de « génies ». La forte prédominance de l'aptitude à voir et à imiter d'une façon optiquement vraie, avec un développement faible ou absent de la puissance analytique suprême et du sens des couleurs, donne un Courbet, dont les tableaux ne sont ni agréables au sens de la couleur ni considérables par le contenu, mais sont si optiquement vrais, qu'ils produisent exactement sur nous les mêmes sensations que les choses représentées dans la réalité même. Avec ce peintre, nous voilà déjà presque arrivés à la photographie, sauf cette petite différence que celle-ci reproduit impassiblement tous les signes optiques des choses, sauf leur couleur, tandis que, chez un Courbet, un centre supérieur arrête encore le tableau dans sa route inconsciente de la rétine à la main qui peint, supprime

quelques éléments non essentiels et ne laisse passer
que les caractéristiques. Le sens seul de la couleur
enfin donne un Makart, qui s'entend à juxtaposer des
couleurs agréables comme le fait aussi le coq de
bruyère d'Australie devant son ingénieuse tonnelle
de feuillage, mais ne voit ni ne reproduit les choses
d'une façon optiquement vraie, et n'est pas capable
de reproduire dans leurs signes visibles essentiels des
faits ou des phénomènes importants, de telle sorte
qu'on les saisisse et qu'on reçoive d'eux les émotions
que pourraient donner les faits ou les phénomènes
mêmes. Il ne sera permis de qualifier un Makart de
génie, que si l'on applique également cette qualification au chlamydodera, au ptilonorhynque, ou à
d'autres oiseaux australiens constructeurs de tonnelles
multicolores.

VII

Avec le comédien, nous pouvons en finir beaucoup
plus vite. Son aptitude particulière repose sur le
développement, obtenu par une culture spéciale, de
qualités organiques qui appartiennent aux qualités
les plus générales non seulement des hommes, mais
aussi des animaux supérieurs, à savoir du pouvoir
d'imitation et de l'action réciproque des représentations mentales sur les mouvements, et des mouvements sur les représentations. Inutile de m'arrêter
au pouvoir d'imitation. Chacun sait ce que c'est, et

j'en ai montré, précédemment, les conditions organiques. (Voir le chapitre *Suggestion*, dans les *Paradoxes sociologiques*.) L'action réciproque des représentations et des mouvements, au contraire, exige un mot d'explication. Toutes les impressions extérieures qui sont transmises par les nerfs sensoriels aux centres spinaux ou cérébraux provoquent en ceux-ci un travail qui se manifeste finalement sous forme d'impulsion motrice. Remarquons incidemment ici que, même quand l'impression extérieure provoque en apparence seulement un travail d'idéation consciente — cogitation, — ou un travail automatique inconscient des centres supérieurs — émotion, — mais nul mouvement perceptible, il se produit toujours aussi une impulsion motrice, très faible, il est vrai, que les personnes particulièrement impressionnables, telles que les « liseurs de pensées » bien connus, peuvent encore percevoir dans certains cas.

Prenons des exemples simples, et, par là même, clairs. Les nerfs sensitifs d'un bout de doigt imprudemment approché d'un poêle brûlant communiquent à la moelle épinière et au cerveau une impression qui est ressentie dans le centre médullaire, subalterne, généralement comme un danger ; dans le centre cérébral, supérieur, de façon plus déterminée, comme une douleur et comme une douleur de brûlure. Le centre médullaire y répond sous forme d'une impulsion motrice aux muscles brachiaux, qui occasionne un brusque retrait de la main, et le centre cérébral y répond également sous forme d'une impulsion motrice aux muscles faciaux, respiratoires et laryngiens, qui a pour conséquence une douloureuse contraction de la figure et l'émission d'un cri. La sensation ou l'aperception d'une douleur causée par la brûlure a ainsi provoqué des impulsions motrices déterminées. En sens inverse, ces mêmes mouvements, c'est-à-dire le brusque retrait de la main, la contraction caractéristique des muscles du visage et l'émission d'un cri par la violente contraction des muscles intercostaux et du diaphragme associée à une attitude particulière des muscles du larynx, éveillent dans les centres cérébraux supérieurs non pas la sensation, il est vrai, mais la représentation d'une soudaine douleur à la main. Tout le monde peut faire l'expérience suivante. Constatez d'abord par quels mouvements l'état d'âme d'un deuil profond se manifeste chez vous : par exemple, par l'abaissement de la tête, par un certain jeu de physionomie, par une tonalité déterminée de la voix, par des sanglots, etc. ; imitez maintenant exactement tous ces mouvements musculaires, et vous remarquerez très vite, peut-être à votre étonnement, que vous tomberez dans une profonde tristesse. Vous remarquerez même ensuite que se manifestent en même temps d'autres phénomènes accompagnateurs de cette disposition d'esprit, qui ne peuvent être provoqués à volonté, parce qu'ils ne sont pas produits par des mouvements des muscles striés, tels que les sécrétions lacrymales et les associations d'idées ou tableaux de fantaisie tristes, etc. Il ne faut jamais perdre de vue que les nerfs qui vont de la périphérie du corps aux centres, puis ces centres eux-mêmes et les nerfs qui partent d'eux vers d'autres centres ou vers les muscles, forment un unique appareil dont les rapports sont devenus organiques et automatiques, et que cet appareil déroule tout son travail automatique quand on le met en activité à n'importe quel endroit soit dans le sens normal, soit en sens inverse, par la représentation au mouvement, ou par le mouvement à la représentation. C'est là le mécanisme à l'aide duquel le comédien remplit sa tâche, qui consiste à rendre perceptibles aux sens des états d'âme donnés, ceux du personnage qu'il représente. Il peut remplir cette tâche de deux façons, d'une façon consciente et d'une façon inconsciente. Consciemment, il peut observer exactement et de façon aiguë par quels mouvements musculaires, c'est-à-dire par quels gestes, par quels jeux de physionomie et par quelles inflexions de voix, des états d'âme donnés, la gaieté, la défiance, la rêverie, etc., parviennent habituellement à l'expression optique et acoustique chez les personnes d'une certaine organisation, chez les gens calmes ou nerveux, bien élevés ou grossiers, et s'efforcer d'imiter par la seule volonté tous ces groupes de mouvements. Ou bien, il peut se représenter en général l'état d'âme qu'il doit rendre visible, aider à sa repré-

sentation mentale par quelques mouvements habituellement causés par cet état d'âme, et laisser ensuite
à ceux-ci le soin de rendre, en remontant la voie
nerveuse, la représentation mentale très vive, de
sorte qu'elle émette ensuite inconsciemment et automatiquement toutes les impulsions motrices qui lui
sont habituelles, les volontaires comme les involontaires. La première méthode est la plus difficile et
reste toujours très peu sûre. Elle présuppose le même
don d'observation et d'analyse des phénomènes, que
nous avons reconnu comme nécessaire chez le peintre.
Le comédien, qui imite consciemment, doit avoir
observé effectivement les états d'âme qu'il veut
représenter; pas une seule de leurs manifestations
perceptibles essentielles ne doit lui avoir échappé, et
il ne peut, comme le peintre, se borner aux signes
optiques des phénomènes, mais il doit avoir égard
aussi aux signes phonétiques. S'il ne trouve pas dans
sa mémoire le modèle qu'il veut imiter, ou s'il n'a
pas suffisamment observé celui-ci, son imitation sera
maladroite et imparfaite et ne pourra produire l'impression de la vérité. La seconde méthode est au contraire facile et sûre. Comme les mêmes états d'âme,
avec des adaptations individuelles légères, excitent
chez tous les hommes les mêmes manifestations perceptibles, et que le comédien, après tout, est aussi un
homme, il pourra, une fois qu'il aura évoqué en lui
l'état d'âme en cause, laisser travailler tranquil-
lement celui-ci ; les manifestations perceptibles

caractéristiques pour lui, toutes sans exception,
les volontaires comme les involontaires, même
les larmes, l'expression des yeux, etc., apparaî-
tront immanquablement les unes après les autres,
et la pleine vérité humaine de l'imitation sera
atteinte. La seule chose nécessaire pour l'emploi de
cette méthode, c'est un état d'équilibre très instable
des centres cérébraux, autrement dit une grande
émotivité. On ne doit avoir ni grande équanimité, ni
conscience vigoureuse, ni personnalité originale. L'activité cogitationnelle des centres suprêmes ne doit
pas prédominer sur l'activité émotionnelle de ceux-ci,
entraver et influencer leur travail automatique.
L'excellent comédien doit être en quelque sorte un
fusil à détente particulièrement facile. De même que,
dans ce cas, le plus léger contact fait partir le coup,
ainsi la plus légère impression extérieure amène
chez celui-là l'état d'âme qui doit être représenté et
qui élabore ensuite automatiquement sa propre exté-
riorisation sensible. On ne peut attendre cette manière d'être, cela est facile à comprendre, que d'un cerveau dont les centres suprêmes sont habituellement
inoccupés, par conséquent n'accomplissent aucun travail d'idées propre et sont pour cela prêts à répondre
à toutes les impressions des sens par les dispositions
d'esprit et les représentations correspondantes. Où
y a-t-il là place pour un génie ? Le seul don à la rigueur
encore cogitationnel de l'observation et de l'imitation consciente n'outille qu'un comédien de second

ordre. Précisément les interprètes de la vie humaine
les plus exquis, les plus vrais et les plus vibrants,
doivent au contraire être des esprits subordonnés,
avoir un champ de conscience vide et une personnalité embryonnaire, et leurs centres doivent pouvoir
être mis en activité automatique avec une facilité
frisant presque déjà le pathologique. N'est-il pas
caractéristique que la beauté physique et les qualités
de la voix, c'est-à-dire des perfections organiques
inférieures, fassent partie des conditions essentielles
qui donnent un artiste dramatique efficace? L'excellent comédien partage exactement le caractère psychologique de l'enfant et du sauvage : l'activité inhibitrice des centres de la conscience n'exerce chez
lui aucune influence sur le travail automatique des
centres moteurs. L'éducation a précisément pour tâche
d'exercer et de fortifier, chez l'homme de la civilisation, cette activité inhibitrice ; elle nous habitue à
ne pas permettre à nos états d'âme de se manifester
en impulsions motrices, en cris, en contorsions du
visage et en gestes, et nous en arrivons effectivement
à supprimer complètement le travail automatique
des centres, à empêcher toute ou presque toute
manifestation perceptible de nos états d'âme, et à ne
trahir par aucun signe extérieur ce qui se passe dans
notre conscience. Le comédien qui atteindrait cet
idéal d'éducation ne pourrait pas exercer plus longtemps son art.

Il est donc absolument abusif, comme nous venons

de le voir, de qualifier de génie, en musique un
instrumentiste, en peinture un assembleur d'agréables couleurs, et en tout état de cause un comédien.
Le développement particulier de centres aussi inférieurs que le centre de coordination ou le centre de
perception optique, ou une influence réciproque
particulièrement vive entre les mouvements et les
états d'âme les occasionnant habituellement, ne
donnent pas plus droit à la désignation de génie
que, par exemple, un développement musculaire
particulièrement parfait ou un œil particulièrement
bon. Le génie repose exclusivement sur la perfection exceptionnelle des centres cérébraux suprêmes
et par conséquent purement humains, dont nous con-
sidérons comme fonction le jugement et la volonté.
Jugement et volonté, ce sont là en dernière analyse
les facultés dont la coopération élève l'homme
au-dessus de l'animal, et dont le développement
exceptionnellement puissant élève le génie au-dessus
de l'homme ordinaire. C'est par le jugement et la
volonté seuls, et par rien d'autre, que le génie est
un génie. Qu'est-ce que le jugement? Une activité
qui, de représentations données par des impressions
sensorielles ou par une activité du jugement antérieure, développe librement de nouvelles représentations. La matière qu'élabore le jugement est fournie par la mémoire, qui de son côté puise dans les
impressions sensorielles, et par l'intellect, qui interprète ces impressions. Les lois d'après lesquelles tra-

vaille le jugement, constituent ce que nous nommons la logique. Ainsi l'impression sensorielle est reçue par les centres de perception, interprétée par l'intellect, qui est un autre nom pour la fonction des centres d'aperception et d'association (Flechsig), conservée par la mémoire, et finalement élaborée par le jugement d'après des règles fixes, celles de la logique, en des représentations neuves qui ne reposent plus sur une perception sensorielle directe.

Un exemple des plus simples fera comprendre la chose au lecteur même qui n'a jamais entendu parler de psychologie scientifique.

Mes sens, le toucher et la vue, me donnèrent un jour l'impression que de l'eau tombait sur moi en plein air et que le ciel était noir. Mon intellect réunit ces diverses impressions sensorielles et les interpréta dans cette aperception : il pleut du haut des nuages. Ma mémoire conserva les impressions et leur interprétation. Or, je vois d'épais nuages s'accumuler et se répéter toutes les autres conditions (température, état barométrique, direction du vent, etc.) dans lesquelles la pluie a coutume de tomber. Mon jugement alors, de la représentation que lui fournit la mémoire de pluies dans le passé, pluies dont l'intellect a constaté les conditions, élaborera, en vertu de la loi logique donnée par l'expérience, que les mêmes causes dans les mêmes conditions occasionnent les mêmes effets, cette nouvelle représentation : il pleuvra bientôt, représentation qui ne

repose sur aucune impression sensorielle, car un
fait qui doit ne se produire que dans l'avenir ne peut
encore amener une impression semblable. Que le
jugement aussi repose sur l'activité d'un organe, d'un
centre cérébral, et ne puisse être un phénomène en
dehors de la matière, comme l'admet Wundt, ce
penseur d'ailleurs si grand et si profond, cela est
démontré par ce fait seul, que la fréquente répétition,
de même que toute autre activité du cerveau et de
la moelle, l'organise dans l'individu, et par hérédité dans l'espèce, c'est-à-dire le rend automatique.
Si nous en restons à mon exemple simple, nous
trouvons que des animaux très inférieurs aussi, même
des vers, sont capables du jugement qu'il pleuvra,
à l'apparition de certains phénomènes ; en effet,
à la menace de la pluie, ils font tous les préparatifs
en usage chez eux pour l'éviter, se cachent sous un
abri, se creusent un trou dans le sol, s'enterrent,
etc. Mais plus le centre de jugement est parfait, plus
il lui est facile de former de nouvelles représentations de la matière à lui fournie par les sens, par la
mémoire et par l'intellect, et plus ces nouvelles
représentations s'éloigneront dans le temps, dans
l'espace et par leur nature, des impressions sensorielles qui ont donné la première impulsion à leur
formation. Ce centre de jugement se distinguera
donc des centres de jugement moins parfaits, en ce
que ces derniers, dans la formation de nouvelles
représentations, c'est-à-dire de jugements, ne s'éloi-

gnent pas volontiers de la base sûre, — les impressions sensorielles et les souvenirs, — tandis que le premier, avec une hardiesse admirable, élabore des impressions sensorielles et des souvenirs, un jugement, traite à son tour le produit de sa propre création comme une matière équivalente à celle fournie par les sens, par la mémoire et par l'intellect, en déduit, selon les lois de la logique, d'autres jugements, et pousse librement et facilement cette déduction de jugements les uns des autres, cet entassement de nouvelles représentations sur la base parfois bien petite d'une impression sensorielle, jusqu'à des limites qui paraissent inaccessibles à l'homme moyen.

On peut rendre visible ce rapport de l'impression sensorielle et du jugement, et dire que l'activité de jugement ressemble, chez l'homme moyen, à une pyramide dont la base est l'impression sensorielle, le sommet le jugement, tandis que, dans le génie, elle ressemble à une pyramide renversée qui se tient sur un sommet d'impression sensorielle et s'élargit en une base de jugement. Ainsi la possession d'un puissant centre de jugement permet de deviner, par une seule impression, par un regard, par un son, le rapport le plus compliqué des choses, de prévoir par le présent l'avenir, souvent le lointain avenir, de reconnaître par un phénomène la loi de celui-ci, de savoir avant toute observation directe le résultat de l'action de différents phénomènes les uns sur les

autres ; un tel centre de jugement donne, pour l'exprimer sous forme populaire, la connaissance des
hommes, la maîtrise des situations, la conduite très
sûre de soi-même et le maniement des autres, sagesse,
prévoyance et force inventive. Le jugement, comme
je l'ai défini jusqu'ici, a pour prémisse l'hypothèse
de la causalité ; c'est-à-dire l'hypothèse que chaque
phénomène a une cause, que les mêmes causes dans
les mêmes conditions ont les mêmes effets, et que
la quantité de la cause est en rapport direct de la
quantité de l'effet. Dans cette hypothèse seule, la
matière qui lui est fournie par la mémoire a une
valeur pour le jugement, et celui-ci peut, à l'aide de
souvenirs, former de nouvelles représentations, conclure du passé à l'avenir, du proche au lointain, du
perceptible aux sens, à ce qui dépasse le domaine
immédiat de ceux-ci.

VIII

A côté du jugement, avons-nous dit, la volonté est
la partie essentielle du génie. Qu'est-ce que la volonté ? Dans ma réponse à cette question fondamentale, j'ai la témérité de m'écarter aussi bien de Kant,
devant la grandeur écrasante duquel je m'incline
humblement, que de M. Th. Ribot, dont je suis d'ailleurs heureux de reconnaître la profondeur et la
vaste science. Lorsque Kant nous explique que la

volonté est à la fois ce qui ordonne et ce qui
obéit, c'est là une définition transcendentale qui n'est
pas plus compréhensible et plus convaincante que
l'explication théologique de l'unité des trois natures
de Dieu. La définition de M. Th. Ribot, d'après
laquelle la volonté serait « la réaction du *moi* sur
les impressions du monde extérieur », est beaucoup
trop large et embrasse à proprement dire toute la
conscience, qui, en tant qu'elle repose sur des impressions sensorielles et puise tout son contenu dans
les impressions (je laisse de côté la question si nous
avons besoin d'admettre des représentations *à priori*),
n'est aussi qu' « une réaction du moi sur les impressions du monde extérieur »; mais une définition qui
devrait conduire à admettre que conscience et volonté sont identiques, ne peut être juste. Celui qui
se place au point de vue psycho-physique pourra
dire avec moi : la volonté est l'activité d'un centre
dont l'unique tâche dans l'organisme est de produire
des contractions des muscles, autrement dit, de distribuer des impulsions motrices. Philosophiquement,
cette définition de la volonté se rapproche de celle
de Schopenhauer, car Schopenhauer nomme volonté
ce qui cause des mouvements non seulement dans
un organisme, mais aussi dans les choses inorga-
niques; et comme chaque phénomène est en dernière
analyse un mouvement ou une résistance à un mouvement, c'est-à-dire un mouvement passif, la volonté
serait l'essence de tous les phénomènes, par consé-

8.

quent du monde. Je ne vais pas aussi loin. En dépit
de la similitude théorique, ou, si l'on veut, même de
l'identité de la chute d'une pierre, et du pas d'un
homme, on est cependant autorisé à distinguer dans
la pratique ces deux mouvements l'un de l'autre, et
à ne pas employer la même désignation pour ce qui
cause la chute de la pierre et ce qui cause le pas de
l'homme. Nous qualifierons donc de volonté la cause
d'impulsions motrices seulement chez les organismes,
et ne verrons dans la volonté qu'un phénomène
accompagnateur de la vie. Que l'on puisse provoquer des contractions musculaires non seulement
par la volonté, mais aussi par d'autres influences,
par exemple par un courant galvanique, cela ne
prouve rien contre la justesse de ma définition; car,
premièrement, il est admissible qu'un même phénomène puisse être provoqué par des causes différentes, et, secondement, rien ne nous prouve que la
volonté n'est pas aussi une espèce de phénomène
électrique ; on parle de « courants nerveux », de
« force nerveuse », de « fluide nerveux », expressions
qui ramènent toutes à l'idée que le centre de volonté
est une sorte de batterie électrique, et l'impulsion
motrice envoyée aux muscles, une sorte de courant
électrique. On objectera peut-être que la volonté
provoque aussi des phénomènes qui ne peuvent être
simplement appelés des mouvements musculaires;
on fait, par exemple, incontestablement des efforts
de volonté pour se souvenir d'une chose; et pour-

tant la mémoire n'est pas une activité musculaire. A cela je réponds : la mémoire n'obéit en fait à la volonté que très imparfaitement, et je crois que la volonté n'agit que très indirectement sur le centre de la mémoire, en causant dans les vaisseaux qui amènent le sang au centre de la mémoire des contractions et des dilatations, c'est-à-dire des mouvements des muscles lisses non subordonnés au contrôle direct de la conscience. L'afflux plus abondant du sang excite l'organe à une plus grande activité, et il peut alors parfois fournir à la conscience le souvenir désiré qu'il n'y avait pas à obtenir de lui, aussi longtemps qu'il recevait moins de sang et travaillait moins activement. Je persiste donc à croire qu'aucun fait psycho-physiologique venu à ma connaissance ne contredit la thèse que la volonté est l'activité d'un organe qui distribue des impulsions motrices.

Maintenant, il faut répondre à ces deux questions : comment les impulsions motrices simples distribuées par la volonté causent des mouvements efficaces, et comment la volonté même est excitée à son activité spécifique. On trouve la réponse à ces questions, si l'on se rappelle que la vie en général est un phénomène très compliqué, et que chaque activité vitale supérieure, notamment, ne prend naissance que par la collaboration réciproque de divers organes. La volonté cause seulement des contractions musculaires, et rien de plus. Mais les centres de coordination s'emparent de l'impulsion et la distribuent aux muscles qui doivent se contracter, pour amener les mouvements désirés et efficaces, et les amener non seulement dans la forme souhaitée, mais aussi avec le degré d'énergie souhaité. Les centres de coordination jouent ainsi vis-à-vis la volonté à peu près le rôle que, dans un appareil électrique, jouent vis-à-vis la batterie les commutateurs, relais et résistances intercalés. Mais qui a appris aux centres de coordination à reconnaître les muscles qui doivent se contracter, afin qu'un mouvement déterminé soit exécuté de la façon et avec l'énergie souhaitées ? C'est l'expérience de l'individu et de l'espèce entière depuis son existence, expérience qui est organisée et agit automatiquement. Et comment la volonté est-elle excitée a son activité spécifique ? Par l'action de tous les autres centres, par l'induction, pourrais-je dire, en empruntant une notion au domaine de la science électrique. Une simple impression sensorielle peut, sans intervention de la conscience, amener la volonté à émettre une impulsion motrice ; il naît un mouvement réflexe que, très faussement, on nomme « involontaire ». Ce mouvement n'est pas involontaire, c'est-à-dire non ordonné par la volonté ; il n'est qu'inconscient. L'activité automatique des centres élevés, c'est-à-dire les émotions, excite également la volonté. Cette cause d'un acte de volonté parvient à la conscience avec cette demi-clarté propre aux émotions, décrite plus haut. Enfin, l'activité person-

nelle, neuve, non organisée de la conscience, c'est-à-
dire le jugement, la cogitation, peut causer aussi
un travail de volonté. Le jugement même, lui, ne
« veut » pas ; il forme seulement une représentation
de quelque mouvement simple ou composé ou même
de longues suites de mouvements successifs qui,
dans une situation donnée, lui semblent utiles ;
quand l'organisme est sain, régulièrement développé
et en équilibre, cette représentation suffit pour
amener le centre de volonté à émettre une impulsion
motrice. La conscience apprend après coup, par les
impressions du sens musculaire qui lui sont ame-
nées, que le mouvement est exécuté. Le processus
est donc celui-ci : le jugement forme une représentation de mouvements, la volonté donne les impulsions nécessaires pour les produire, les centres de
coordination distribuent celles-ci conformément au
but, et le sens musculaire annonce au cerveau le
mouvement effectué. Il n'y a de conscient que le
commencement et la fin de ce processus, la représentation de mouvement que le jugement a élaborée,
et la connaissance du mouvement accompli. Ce
qui se passe entre ces deux termes échappe à la
conscience. Comment la représentation de mouvement est devenue mouvement, elle ne l'apprend pas.
Mais une observation insuffisante a obscurci cette
succession si simple et si claire d'actes organiques.
Parce qu'on est conscient des représentations de
mouvement et des mouvements exécutés, on a placé

la volonté même dans la conscience. Et cependant l'expérience enseigne que même la représentation du mouvement la plus vive n'est pas suivie nécessairement d'un mouvement, qu'ainsi le jugement n'est pas du tout encore la volonté. Dans la neurasthénie, le centre de volonté est soustrait à l'influence du jugement. On a beau alors se représenter des mouvements, on ne les exécute pas. On reconnaît parfaitement l'utilité de prendre un livre ou de traverser la rue, mais on ne peut décider les bras ou les jambes aux mouvements nécessaires pour cela ; on n'est nullement paralysé, on est parfaitement capable d'exécuter, par exemple, des ordres étrangers. Le malade dit dans ces cas : « Je veux, mais je ne puis pas. » Cela est inexact. La vérité est qu'il pense, mais ne veut pas. Le centre de jugement travaille, mais non le centre de volonté. On dit très fréquemment de certains hommes qu'ils sont faibles de volonté. Cela est en règle générale inexact. Ce qui le plus souvent est faible, c'est le centre de jugement. Celui-ci n'est pas capable d'élaborer avec une suffisante netteté des représentations de mouvement déterminées. Voilà pourquoi la volonté ne peut entrer en activité chez ces personnes. Mais quand un jugement étranger leur communique de telles représentations de mouvement, c'est-à-dire les conseille ou leur ordonne, ils exécutent vigoureusement, sûrement et irrésistiblement les mouvements, ce qui prouve que leur centre de volonté est suffisamment fort.

La même chose s'applique aux cas dans lesquels on parle d'un désaccord de volonté ou d'un acte de passion soustrait à l'influence de la volonté. Le désaccord ne règne pas dans la volonté, mais dans le jugement. On n'a pas « deux volontés qui se combattent », mais deux représentations dont aucune n'est assez claire et nette pour pouvoir inciter la volonté à une impulsion. Aussitôt qu'une représentation devient tout à fait nette, elle triomphe de l'autre et met la volonté en activité. Hamlet n'est pas dépourvu de volonté, mais de jugement. Son centre de jugement ne se montre pas assez fort pour élaborer une représentation déterminée de mouvements utiles. S'il le pouvait, sa volonté exécuterait aussi les mouvements, en supposant que le centre de volonté soit sain, point sur lequel Shakespeare ne nous renseigne pas. Et lorsque, sous l'empire de la passion, on fait ou on s'abstient de faire quelque chose que la raison semble défendre ou ordonner, ce n'est pas que « la volonté a été impuissante », comme le disent les phrases de roman ; mais l'activité automatique émotionnelle des centres suprêmes était plus forte que son activité libre cogitationnelle ; les représentations conscientes du jugement n'ont pas prédominé contre le travail organisé, demi-conscient ou inconscient, des centres cérébraux ; la volonté a reçu la plus puissante excitation de leur automatisme, et réalisé les images motrices qui ont été produites automatiquement, et non celles qui l'ont été en pleine conscience. La volonté a donc été suffisamment forte ; le jugement seul a été impuissant à enrayer le travail automatique des centres suprêmes et à agir sur la volonté par son travail libre conscient.

Nous ne confondrons pas le jugement et la volonté, et en présence d'indécision ou d'actes déraisonnables de la passion ou de la seule habitude, nous ne parlerons pas de faiblesse de volonté, mais de faiblesse de jugement. Nous ne pourrons admettre la réelle faiblesse de volonté que lorsque, chez un homme sain (là où n'est pas troublé le rapport entre le centre de jugement et le centre de volonté et où tous deux travaillent d'une façon suffisamment vigoureuse, mais sont incapables de s'influencer normalement les uns les autres), de très claires et très nettes représentations motrices du jugement ne sont pas réalisées ou ne sont exécutées qu'imparfaitement et avec hésitation, et que des impulsions de la passion aussi restent simplement à l'état de sentiment, de désir, d'aspiration, mais ne deviennent pas actives, car l'unique mesure de la force de volonté est son aptitude à triompher des résistances. Ce ne sont pas les muscles qui triomphent des obstacles, mais c'est la volonté, la quantité d'impulsions qu'elle envoie aux muscles. Des aliénés chez lesquels le centre de volonté est morbidement excité et distribue aux muscles des impulsions extraordinairement fortes, accomplissent des actes qu'on ne tiendrait pas pour possibles. Des vieillards ou des femmes débiles brisent des barreaux de fer, arrachent des chaînes, ne peuvent être domptés, dans une lutte, par plusieurs gardiens vigoureux. Si ces mêmes personnes étaient capables d'en faire autant à l'état de santé, on les rangerait au nombre des individus les plus forts de leur temps. Mais ils en sont incapables, bien que possédant le même système musculaire qu'à l'époque de leur folie. On voit par là que, dans les grands déploiements de force, il s'agit infiniment moins des muscles que de la vigueur de l'impulsion qui leur est envoyée par le centre de volonté. La première résistance que la volonté doit vaincre est la résistance de conduite que lui opposent les tissus, les nerfs et les muscles. Plus courte est la voie nerveuse en jeu, plus petit et plus délicat est le groupe musculaire à exciter, et plus faible est cette résistance, plus exiguë peut être l'impulsion de volonté nécessaire à la production d'un mouvement. Les muscles striés les plus délicats que nous possédons sont, par ordre croissant, ceux du larynx, de l'œil, de la cavité buccale, de la face, de la main. Une volonté très faible suffit donc pour mettre ces muscles en mouvement et pour bavarder, faire des grimaces, regarder avec colère ou gaîment, et gesticuler. A cela se bornent donc aussi les actes des hommes ordinaires. Il est déjà un peu plus difficile d'amener à la contraction les gros groupes musculaires des bras, et plus difficile encore, ceux des jambes et du tronc.

Cela réclame une plus forte impulsion, c'est-à-dire un plus vigoureux travail du centre de volonté. Aussi les hommes véritablement faibles de volonté parviennent-ils rarement à faire suivre le bavardage et la gesticulation, d'un acte qui exige des courses ou un effort des bras. Le plus difficile enfin est l'exécution de mouvements qui ont pour but de vaincre les résistances extérieures, soit des choses inanimées, soit des êtres vivants. Alors la volonté ne doit pas seulement surmonter les obstacles de conduite intérieurs qui nous parviennent à la conscience sous forme de paresse ou d'aversion du mouvement, mais aussi les forces naturelles (par exemple, la pesanteur), ou les impulsions d'une volonté étrangère ; elle doit donc être capable d'émettre de vigoureuses impulsions, en tout cas plus vigoureuses que celles de la volonté opposée, quand la résistance à vaincre émane d'un homme. Si la volonté n'est pas assez forte pour cela, les représentations motrices du jugement, si claires et si nettes qu'elles puissent être, demeurent irréalisées. On saura exactement ce qu'on devrait faire, on désirera aussi très vivement le faire, mais cependant on ne le fera pas. Ce qu'on nomme manque de persévérance et lâcheté n'est qu'une forme de manifestation de la faiblesse de volonté. On ne persiste pas dans une entreprise ou on recule effrayé avant même d'entreprendre quelque chose, quand on s'en exagère, par ignorance, les difficultés, ou qu'on les connaît et qu'on ne se croit pas de force à venir à bout de celles-ci. Dans les deux cas, le jugement ne forme pas nettement les représentations de mouvement se recommandant dans le cas donné, parce que la mémoire lui présente des souvenirs de cas dans lesquels la volonté s'est montrée trop faible pour triompher de difficultés analogues. La tiédeur et la lâcheté reposent conséquemment sur l'expérience de la faiblesse de volonté.

Un puissant développement des centres de jugement et de volonté, voilà donc les bases organiques du phénomène qu'on nomme génie. Un développement du centre de volonté seul ne suffit pas encore pour constituer un génie. Des géants de volonté seront capables de vaincre tous les obstacles qui s'opposent à la réalisation de leurs représentations de mouvement, qu'ils revêtent la forme de choses ou d'hommes, de lois ou de mœurs ; mais ils ne pourront pas élaborer d'eux-mêmes des représentations de mouvement considérables et efficaces. Hercule accomplit les douze travaux, mais Eurysthée doit les lui commander. Avec la volonté seule on sera, au meilleur cas, un chef d'armées sous Alexandre le Grand, un Séleucus, un Ptolémée, ou un maréchal de Napoléon ; le ministre célèbre d'un monarque de génie, ou, et beaucoup plus souvent, le souverain immortel d'un ministre de génie ; au pire cas, un débauché qui fera retentir de ses orgies le monde et l'histoire, ou un criminel inspirant la terreur à tous ses contem-

porains : un César Borgia ou un Schinderhanne. Dans
le premier cas, on réalise les représentations de mouvement élaborées par un centre de jugement étranger
génial; dans le second, les excitations émotionnelles
à demi conscientes ou inconscientes de ses propres
centres. Le développement exclusif du centre de
jugement seul produit au contraire, par lui seul, un
génie ; mais celui-ci aura un caractère différent,
selon que, à côté du centre de jugement, le centre
de volonté aussi sera plus ou moins développé. Le
génie de jugement sans vigueur particulière de
volonté donne un grand penseur, un philosophe, un
mathématicien, peut-être encore un naturaliste.
Car, dans le genre d'activité de ces catégories, les
obstacles dynamiques à vaincre sont les plus petits,
les impulsions de contraction musculaire à émettre,
les plus faibles; leur jugement n'a pas besoin
d'élaborer de grosses représentations de mouvements, mais manifeste son étendue et sa puissance d'une autre manière, en déduisant, des impressions sensorielles, des aperceptions infinies, neuves,
hypersensorielles ; d'une simple observation de
nombres, le théorème de Pythagore, la théorie des
nombres, le calcul intégral et différentiel ; de la
chute d'une pomme, la loi de la gravitation universelle ; du contenu de perceptions de la conscience,
une théorie de la connaissance ; des faits empiriques
de l'embryologie et de la paléontologie, le système
évolutionniste de Darwin. Je ne puis me ranger à

l'avis de Bain, qui, dans la hiérarchie du génie, place au sommet le génie philosophique. Ma théorie me contraint à assigner au pur penseur et au pur chercheur la toute dernière place dans cette hiérarchie. Leur grandeur repose en effet sur leur jugement seul ; mais celui-ci est en soi, si la volonté n'y collabore pas, incapable de transformer les représentations élaborées par lui, si merveilleuses fussent-elles, en phénomènes perceptibles aux sens. Pour les dire ou les écrire au moins, il est déjà besoin d'une activité musculaire, c'est-à-dire d'une impulsion de volonté. Si la volonté d'un génie du jugement ne suffisait même pas à provoquer l'activité d'écrire ou de parler, les plus sublimes représentations de ce génie resteraient des états de conscience purement subjectifs, dont personne en dehors de lui n'aurait même un soupçon. Elles seraient des mouvements moléculaires dans son cerveau, perceptibles des autres seulement dans la mesure où ceux-ci peuvent être ressentis et répétés à travers l'espace par un autre cerveau, si toutefois l'on tient pour possible cette sorte de perception, c'est-à-dire une lecture de pensées de la plus haute espèce.

Lorsque au génie du jugement est associé un centre de volonté d'une bonne formation moyenne, nous obtenons le grand promoteur des sciences exactes et l'inventeur. L'essence des dispositions et de l'activité des deux est au fond identique. L'expérimentateur comme l'inventeur déduit des lois des phéno-

mènes et imagine des conditions matérielles qui lui
permettent de faire agir à sa volonté les lois trou-
vées. La différence entre eux n'est pas théorique,
mais seulement pratique. Celui-là se contente de
réunir des circonstances et des appareils qui doivent
lui montrer si les faits matériels concordent avec les
représentations de son jugement, si une loi trouvée
par ses centres cérébraux se confirme dans le monde
des phénomènes; celui-ci, au contraire, cherche à
créer des arrangements ayant pour but exclusif
d'améliorer les conditions matérielles de la vie
humaine, ces mots pris dans leur sens le plus
général. Nous devons d'ailleurs éviter ici une erreur.
Une invention, une découverte n'ont pas nécessairement besoin d'être le résultat du génie de jugement associé à une force de volonté suffisante. Le
hasard peut y avoir collaboré. Le légendaire moine
Berthold Schwarz n'est pas censé avoir cherché la
poudre, quand son mélange de soufre, de salpêtre et
de charbon aurait fait explosion dans son mortier,
et l'authentique professeur Galvani ne pensait pas le
moins du monde à une force naturelle inconnue,
quand il suspendit à un crochet de cuivre sa cuisse
de grenouille. Pourtant, je n'incline pas à accorder au hasard plus qu'une toute petite place dans les
grandes découvertes et inventions. Il faut en tout
cas un jugement peu ordinaire, pour observer exactement un phénomène inconnu, pour remarquer immédiatement qu'il ne peut être expliqué d'une façon

satisfaisante à l'aide des connaissances de l'époque,
pour trouver ses causes et ses conditions et en déduire de nouvelles représentations. Le hasard ne
devient donc le point de départ d'une découverte ou
d'une invention, que quand il a pour témoin un éminent homme cogitationnel. L'homme émotionnel ordinaire, avec son cerveau travaillant automatiquement, reste obtus devant des phénomènes qui ne
coïncident pas avec ses représentations héritées et
organisées. Si le mortier de Berthold Schwarz avait
éclaté devant un homme moyen, celui-ci aurait fait
le signe de la croix, cru à une apparition du diable,
et tiré de son observation tout au plus l'enseignement qu'il devait se garder à l'avenir de toucher
jamais au soufre. Celui-là n'aurait pas inventé la
poudre. Les soi-disant hasards féconds adviennent
journellement devant les yeux de l'humanité et sont
toujours advenus devant eux. Mais il faut qu'un jugement extraordinairement puissant les observe pour
les comprendre, pour trouver leurs lois et leurs
applications. Toute la matière des phénomènes qui
constituent le fond des sciences biologiques, chimiques et physiques, des inventions dans le domaine
de la thermodynamique, de l'électricité, de la mécanique, existe immuablement de toute éternité, et elle
existait pour les hommes de l'âge de pierre comme
pour nous. Seulement, pour la comprendre et la
maîtriser, il fallait un développement du jugement
que n'atteignirent ni les hommes primitifs ni les

hommes de l'antiquité. De même, nous sommes aujourd'hui encore entourés incontestablement de phénomènes de la plus merveilleuse nature, auxquels nous ne faisons pas attention, que nous ne savons pas interpréter et dont nous ne cherchons pas les lois, parce que personne ne possède, parmi les vivants, un jugement assez puissant pour déduire de leur perception sensorielle la représentation de leurs causes et de leurs effets possibles. Mais il est extrêmement vraisemblable que plus tard viendront des génies auxquels cela sera accessible, même facile, et nos successeurs sur la terre ne comprendront pas que nous ayons pu passer, stupides et obtus, devant les plus remarquables phénomènes, de même que, nous autres, nous ne comprenons pas que les hommes n'aient pas déjà trouvé, il y a des milliers d'années, les matières explosibles, les machines à vapeur et les applications de l'électricité. Donc, abstraction faite de la collaboration minime du hasard, comme j'ai cherché à le montrer, il reste ce fait, que des expériences au sens de Bacon, « des questions rationnelles adressées à la nature, » posées avec conscience et intention et dont on attend une réponse devinée à l'avance, par conséquent les travaux méthodiques d'un Robert Meyer, d'un Helmholtz, d'un Pasteur, d'un Rœntgen, ont pour condition un génie du jugement et un centre de volonté bien organisé. L'association du centre de volonté est nécessaire, parce qu'il s'agit essentiellement, en

matière d'expérimentation et de découverte, de matérialiser des représentations élaborées par le centre
de jugement, et que la matérialisation ne peut être
opérée que par l'activité musculaire, qui, à son tour,
ne prend naissance que dans les impulsions de
volonté.

Lorsque, enfin, le centre de volonté est aussi extraordinairement développé que le centre de jugement,
si nous avons par conséquent devant nous un
homme qui est à la fois un génie de jugement et
un génie de volonté, alors nous saluons un de ces
phénomènes humains qui changent le cours de l'histoire du monde. Un tel génie ne se manifeste ni en
pensées ni en paroles, mais en actes. Son jugement
élabore des représentations nouvelles, personnelles,
et sa volonté est assez active et vigoureuse pour les
transformer, en dépit de tous les obstacles, en actes.
Il dédaigne les façons plus commodes d'extérioriser
les représentations mentales, par le son ou le signe,
et se contente seulement de celles qui obligent à
vaincre les plus grandes résistances. En conséquence,
il ne parle pas et n'écrit pas, mais agit, c'est-à-dire
dispose des autres hommes et des forces de la nature
dans le sens de ses représentations. Ce génie devient
dans l'humanité ce qu'il veut et fait ce qu'il veut. Il
découvre des parties du monde; il conquiert des
pays; il gouverne des peuples. Il accomplit la carrière d'Alexandre, de Mahomet, de Cromwell, de
Napoléon. Rien d'humain n'impose une limite à son

9.

action, à moins qu'il n'ait pour contemporain un génie de jugement et de volonté également grand ou plus grand encore. Il ne peut échouer que contre une force naturelle, plus puissante que la force de sa volonté. Une tempête aurait pu anéantir Christophe Colomb; la maladie abattit Alexandre; un hiver russe abîma Napoléon. Le centre de jugement peut, dans ses représentations, vaincre la nature elle-même. Le centre de volonté ne peut triompher que de forces plus faibles que sa propre force.

L'organisation d'un tel génie de jugement et de volonté implique qu'il lui manque plus ou moins, et dans les cas extrêmes complètement, ce qu'on nomme sentiment et sens artistique, besoin de beauté et d'amour. Ses centres puissants transforment toutes les impressions en représentations claires, et en déduisent des jugements pleinement conscients. Une activité automatique a lieu tout au plus dans les centres inférieurs de coordination et de nutrition; les centres supérieurs travaillent d'une façon originale, et non pas routinière. Le génie est à peu près complètement affranchi de mouvements d'âme obscurs à demi inconscients ou inconscients. Il n'est en aucune manière sentimental. Aussi produit-il l'impression du dur et du froid. Or, ces mots signifient tout simplement qu'il est purement cogitationnel, non émotionnel. De cette organisation il résulte aussi que le génie est très difficilement accessible aux idées originales élaborées dans d'autres têtes.

Ses centres sont organisés pour un travail original, non pour l'imitation du travail d'autrui. Ils doivent se trouver en face de la matière première des perceptions sensorielles, pour élaborer celle-ci, à leur façon personnelle, en représentations neuves. Les produits digérés du jugement, c'est-à-dire une matière première de perceptions sensorielles qui a déjà subi dans des centres cérébraux étrangers sa transformation en représentations, donc justement les peptones intellectuelles, si je puis m'exprimer ainsi, que seules l'homme moyen est en état d'assimiler, leur sont intolérables.

A ce point de mes considérations, une question menaçante se dresse devant moi. Si le génie est jugement et volonté à un degré de perfection extraordinaire, si son activité consiste dans la production de représentations neuves, hypersensorielles, et dans leur réalisation sensible, que vais-je faire des génies émotionnels, des poètes et des artistes? Ai-je même encore le droit d'admettre que los poètes et les artistes peuvent être également des génies? Eh bien, ce droit me paraît, en effet, au moins douteux. Rappelons-nous toujours ce qu'est en réalité l'émotion. Des impressions sensorielles sont conduites aux centres sensoriels compétents, ces centres sensoriels mettent en activité d'autres centres sensoriels, ceux qui sont habitués à recevoir des impressions simultanément avec les autres; ils excitent les centres de volonté et de coordination et provoquent comme réaction quelque acte de l'organisme, ne fût-ce qu'une expression du visage, une modification du rythme du cœur, un cri; tout cela automatiquement, d'après l'habitude héritée devenue organique, sans intervention du jugement, qui ne reçoit des processus effectués dans les centres inférieurs qu'une demi-connaissance obscure, qu'un sentiment indistinct. Ces processus, qui ont lieu en dehors de la conscience, sont précisément les émotions. La poésie, la musique, les arts plastiques n'ont pas d'autre tâche que de provoquer des émotions. Chacun de ces arts cherche à exciter dans notre organisme, à l'aide de ses moyens, les processus qui dans la réalité sont amenés par une série déterminée d'impressions sensorielles, et que nous ressentons comme émotions. Le poète lyrique s'efforce avec des mots, le musicien avec des sons, le peintre avec des couleurs, de déterminer nos centres cérébraux au travail qu'ils ont coutume d'effectuer, quand les sens leur transmettent les impressions émanant, par exemple, d'un être beau et charmant du sexe opposé, d'un ennemi, d'une puissance naturelle destructive, d'une créature semblable à nous qui souffre, d'une certaine saison. Plus exactement ils savent saisir et imiter les signes de processus représentables par leur art, c'est-à-dire les signes intellectuels exprimés en paroles, les signes acoustiques, les signes optiques, plus les émotions excitées par eux se rapprocheront des émotions que provoqueraient les processus mêmes. Une production de la

poésie, de la peinture, etc., qui n'éveille en nous
aucune émotion, n'est pas reconnue par nous comme
une œuvre d'art, quand bien même notre jugement
constate qu'elle est habilement imaginée, qu'elle implique une grande dépense d'application et d'adresse,
le triomphe de puissants obstacles. L'effet de l'œuvre
d'art repose donc sur l'activité automatique de nos
centres; mais celle-ci n'est excitée que par les impressions que l'organisme et toute la série de ses
ancêtres étaient habitués à recevoir; celle-ci exclut
toute nouveauté réelle de l'œuvre d'art; cette œuvre
doit, afin d'impressionner, avoir pour contenu essentiel des impressions vieilles, coutumières, organisées.
Or, nous avons reconnu, comme caractère particulier du génie, l'aptitude à former des représentations
neuves, différant de celles jusque-là connues, et à les
transformer en phénomènes perceptibles par les sens.
Comment cela, maintenant, peut-il s'accorder avec
l'art, dans lequel il s'agit exclusivement de répéter
des impressions vieilles, appartenant à l'espèce tout
entière et devenues en elle organiques?

La réponse à cette épineuse question ne m'em-
barrasse, qu'en tant qu'elle me contraint à heurter
des manières de voir très répandues. Cela est vrai :
le génie émotionnel n'est pas à vrai dire un génie. Il
ne crée en réalité rien de nouveau, n'enrichit pas
le contenu de la conscience humaine, ne trouve pas
de vérités inconnues et n'exerce pas d'influence sur
le monde des phénomènes; mais il suppose néan-

moins certaines conditions psycho-physiques qui font de lui un être particulier et le distinguent de l'homme moyen. Les centres qui produisent les activités émotionnelles doivent être plus puissamment développés chez lui que dans les organismes ordinaires. La conséquence en est que non seulement une impression sensorielle excite chez lui à une activité plus intense les centres travaillant automatiquement, mais aussi que sa conscience perçoit davantage de cette activité, parce que celle-ci s'effectue chez lui en quelque sorte d'une façon plus bruyante, plus grandiose, plus sensationnelle.

Je puis rendre cela tout à fait clair, en reprenant une comparaison antérieure. Un génie émotionnel n'est aussi qu'une boîte à musique, et non un virtuose inventant et jouant librement; mais il y a boîte à musique et boîte à musique, depuis le misérable jouet musical qui émet un chevrotement poussif à peine perceptible, jusqu'à l'orgue mécanique, dont le tonnerre peut faire trembler les murailles. C'est ainsi qu'il faut se représenter que les centres travaillant automatiquement jouent chez le génie émotionnel mécaniquement aussi, mais incomparablement plus fort que chez les hommes moyens; celui-là est l'orgue, tandis que ceux-ci ne sont que des jouets musicaux. Et une conséquence de la puissance de son mécanisme, c'est que la conscience du génie émotionnel participe plus à l'activité de ce mécanisme que chez les hommes ordinaires; mais, bien entendu, non pas en créant ou en dirigeant, mais en percevant. Son jugement ne peut rien changer au travail automatique de ses centres, mais il peut regarder et observer comment ce travail s'accomplit. En ce sens restreint, le génie émotionnel répond également au critérium de la nouveauté et de l'originalité qui est celui du travail du génie. Sans doute, il ne produit que des émotions héréditaires et habituelles dans l'humanité, mais il les produit plus puissamment que n'ont pu le faire d'autres hommes avant lui. Son effet est donc nouveau par le degré, s'il ne l'est pas par son essence.

La hiérarchie des génies est déterminée par la dignité du tissu ou de l'organe sur la perfection exceptionnelle duquel ils reposent. Tout autre ordre de préséance est innaturel et arbitraire, fût-il aussi spirituellement établi que celui indiqué par Bain. Plus un centre cérébral est exclusivement humain, et plus haut sera le génie que donne son développement particulier. Il est à peine nécessaire d'illustrer cette idée, en rappelant ce qui a été dit. Le développement du tissu osseux ne peut donner un génie, car de grands os ne sont pas spécialement humains, puisqu'ils appartiennent aussi aux baleines et aux éléphants; de même, le développement du tissu musculaire, qui distingue un Milon de Crotone, mais ne l'élève pas encore au-dessus des animaux vigoureux. Les centres sensoriels, eux non plus, ne sont pas propres à former la base organique d'un génie ;

le condor dépassera toujours en acuité visuelle l'œil
et le centre de perception lumineuse les plus parfaits
de l'homme, et celui-ci, en finesse d'ouïe, ne pourra
jamais égaler certaines espèces d'antilopes, etc.
Même les centres suprêmes ne sont pas encore purement humains, quand leur perfection ne s'élève pas
au-dessus de l'automatisme. Les animaux supérieurs,
en effet, sont capables aussi de toutes les réactions
automatiques de l'organisme sur les impressions du
dehors, et ces réactions parviennent même visible-
ment à leur conscience sous forme d'émotions. Chez
le chien ou l'éléphant aussi, tout comme chez l'homme,
nous observons des actes d'amour, de haine, de ven-
geance, de crainte, de pitié, avec les mouvements
psychiques qui les accompagnent habituellement ; la
seule différence sous ce rapport entre les animaux
et l'homme, c'est que les émotions humaines peuvent être excitées aussi par des imitations artificielles ou des symbolisations de phénomènes natu-
rels, tandis que les émotions animales ne peuvent
l'être que par ces phénomènes mêmes ; autrement
dit : dans la production des émotions chez l'homme,
l'activité interprétante du jugement, conséquemment
aussi de la mémoire et de l'intellect, a une part
beaucoup plus grande que chez l'animal.

Purement humain est au contraire le jugement, en
tant qu'il dépasse l'interprétation simple et immé-
diate de l'impression sensorielle, en tant qu'il forme
avec celle-ci des représentations auxquelles ne

répond aucun processus se déroulant devant les sens, en tant que, conséquemment, pour employer le terme technique, il abstrait, et d'abstractions déduit d'autres abstractions. Le jugement en ce sens ne se rencontre chez aucun animal, hormis l'homme ; et de même, la dépendance organique du centre de volonté avec le centre de jugement n'est chez nul animal aussi fortement exprimée que chez l'homme. Centres de jugement et de volonté produisent donc par leur haut développement un génie véritablement humain, qui est la plus haute expression de la perfection organique de l'homme jusqu'ici atteinte. Les plus hauts parmi les génies sont conséquemment ceux qui réunissent la génialité du jugement à celle de la volonté. Ce sont les hommes d'action qui font l'histoire du monde, qui forment intellectuellement et matériellement les peuples et leur dictent pour un long laps de temps leurs destinées, les grands législateurs, organisateurs d'Etats, révolutionnaires aux aspirations claires et réalisées par eux ; ce sont aussi encore les capitaines et les conquérants, quand ils agissent en vertu de représentations nettement précises de leur propre jugement, et non en vertu d'impulsions demi-conscientes ou de suggestions étrangères. Ces génies suprêmes atteignent à une connaissance tout aussi haute que ceux de la catégorie suivante ; ils déduisent de leurs perceptions tout aussi sûrement des représentations hypersensorielles, trouvent conséquemment avec tout autant de certi-

tude l'enchaînement des phénomènes, leurs causes,
leurs lois, leurs effets de plus en plus lointains dans
le temps et dans l'espace, toutes choses non perceptibles aux sens. Mais ils ont, en plus qu'eux, la
faculté de réaliser leurs représentations non seulement contre les résistances de la matière inanimée,
mais aussi contre celles des organismes vivants,
contre celles des hommes ; ils peuvent donc permettre à leur jugement de former, avec la perspective de les matérialiser par la volonté, des représentations ayant pour contenu des peuples, voire l'humanité entière, et qui ne peuvent se réaliser qu'en
assujettissant à leur propre volonté et à leur propre
jugement les centres de volonté de peuples, voire de
l'humanité [1].

[1] Quelques critiques veulent absolument trouver une contradiction entre ce passage et la phrase de la page 30 de ce
livre : « Aussi ne peut-il y avoir de politiques, de législateurs,
d'hommes d'État originaux. Plus chacun d'eux est banal,
mieux cela vaut pour lui, mieux cela vaut pour son peuple. »
Je prie ces critiques de lire un peu plus attentivement les
deux endroits, et ensuite les pages 32-33. Ils trouveront alors
que je définis toute conception d'organisation, de lois, de formes
politiques nouvelles, comme un travail de génie, mais que je
distingue soigneusement la réalisation de ces idées d'avec les
idées mêmes. Les « grands législateurs, organisateurs, créateurs
d'États » qui au génie de jugement associent le génie de
volonté, contraindront par la force les peuples à entrer dans
leurs nouvelles conceptions, et cela tourne rarement au salut
des peuples. Mais s'ils sont simplement des génies de jugement,
ils agiront comme il a été dit aux pages 32-33 : ils persuaderont,
prêcheront, éduqueront ; ils feront pénétrer peu à peu dans la
foule leurs nouvelles idées, et quand celles-ci seront devenues
un patrimoine commun, quand le philistin lui-même pourra les

En seconde ligne viennent les génies de jugement avec un bon mais non génial développement de la volonté, les grands chercheurs, expérimentateurs, découvreurs et inventeurs. Ce qui les range en arrière des génies de la première catégorie, c'est leur incapacité de se servir des hommes comme matière pour la réalisation des représentations de leur jugement. Ils ne pourront en conséquence réaliser que les représentations qui ont pour contenu la matière inanimée. Leur volonté est assez forte pour triompher des obstacles morts, non des obstacles vivants.

Le troisième rang est occupé par les purs génies de jugement sans développement correspondant de la volonté, les penseurs, les philosophes. Par leur connaissance, leur sagesse, leur don de divination des faits non perceptibles par les sens, éloignés dans le temps ou dans l'espace, ils se caractérisent comme des génies légitimes de la même famille que les fondateurs d'Etats et les découvreurs. Mais ils sont incomplets, en ce que les représentations qu'élabore leur jugement avec une perfection magnifique, demeurent dans leur cerveau ou prennent tout au

repenser commodément, parce qu'il les aura héritées de son père et de son grand-père, quand la lente adaptation de la foule misonéiste sera accomplie, alors il sera facile à un « politique », à un « législateur », à un « homme d'État » d'espèce banale, c'est-à-dire qui est devenu tel par voie d'ancienneté, de réaliser les idées du génie, qui ne sont plus neuves, mais sont déjà devenues banales. On m'accordera bien que cette manière de réforme est la plus désirable pour les peuples.

plus corps sous la forme de paroles écrites ou parlées. Ils n'ont pas d'influence directe sur les hommes ou sur les choses inanimées. Ils ne causent pas de phénomènes de mouvement. Une volonté étrangère doit d'abord être excitée par leurs représentations, afin que les processus de leur centre de jugement provoquent des processus en dehors de leur organisme.

Derrière les trois catégories des génies cogitationnels, derrière les dompteurs des hommes, les dompteurs de la matière et les simples penseurs, viennent enfin les génies émotionnels qui se distinguent de la foule moyenne par une plus grande vigueur du travail automatique de leurs centres, mais non par un développement original personnel de ceux-ci, et qui ne peuvent donner à cette foule ni de nouvelles représentations conscientes ni des excitations motrices conscientes, mais seulement des émotions demi-conscientes ou inconscientes. Parmi les génies émotionnels, ce sont à leur tour les poètes qui occupent la première place, car, premièrement, le jugement a une grande part dans leur travail, et, secondement, ils produisent leur effet par un moyen qui est, de tous les moyens sensoriels, de beaucoup le plus propre à rendre perceptibles des états d'âme, ce contenu suprême de tout art : ce moyen est la parole. Tandis que les artistes plastiques et les musiciens doivent se borner à saisir et à rendre les signes sensoriellement perceptibles d'états d'âme qui ne laissent reconnaître ces états que d'une manière très générale, le poète

est capable de les définir nettement et de les spécia-
liser de telle sorte qu'on puisse à peine les confondre
avec d'autres états d'âme s'en rapprochant. C'est
tout au plus le poète lyrique qui peut se passer du
concours du jugement, lui dont « l'œil roule dans un
beau délire [1] », suivant le mot de Shakespeare, et
en qui les impressions excitent automatiquement à
l'activité, sans détour à travers la conscience, les
centres du langage. Dans toutes les autres formes
de poésie, au contraire, le poète doit former avec
son jugement des représentations conscientes qui ne
se distinguent de celles du penseur, qu'en ce qu'elles
ont pour objet l'actualisation d'émotions héritées, et
non la divination de rapports non perceptibles des
phénomènes.

Cette hiérarchie est la seule naturelle, car elle
repose sur des conditions organiques. Mais je ne
conteste pas que l'appréciation habituelle des diverses
catégories de génies s'en écarte très considérablement. Les natures cogitationnelles estiment le génie
d'après son utilité à la collectivité qu'elles sont à
même de saisir ; les natures émotionnelles, d'après
l'intensité et la voluptuosité de l'émotion qu'il parvient à exciter en elles. Pour une société primitive,
un vaillant et robuste guerrier est le membre le plus
important. La vigueur des muscles et celle de la
volonté, c'est-à-dire le courage, sont en conséquence

[1] *Whose eye in fine frenzy rolls.*

estimées comme les dons les plus magnifiques d'un
homme ; leur heureux possesseur sera placé au-dessus de tous ses compagnons et vénéré comme un
demi-dieu. Il saute aux yeux que, dans une pareille
société, un grand penseur ou chercheur, un philosophe, un mathématicien, un expérimentateur, ne
sauraient s'attendre à être appréciés. Si dans une
tribu de Peaux-Rouges surgissait un Descartes ou un
Newton, on le considérerait comme un membre
inutile de la horde et on placerait fort au-dessus de
lui tout chasseur d'ours heureux, tout guerrier qui
porte déjà plusieurs scalps ennemis à sa ceinture.
Et, du point de vue de l'utilité, cela avec pleine raison, car ce qu'il faut aux tribus indiennes, au degré
d'évolution qu'elles ont atteint, ce ne sont ni les
mathématiques ni la métaphysique, mais de la viande
et de la sécurité. C'est une survivance de cette
manière de voir des sauvages et des barbares, que
d'assigner, dans notre prétendue civilisation, le rang
suprême au soldat, et de témoigner à son costume
militaire, aux broderies, comme qui dirait aux
tatouages guerriers de son col, de ses manches et
du plastron de sa tunique, la vénération qui, dans
l'état primitif des hommes, était très naturelle et
compréhensible, mais qui, à la hauteur de notre
civilisation actuelle, n'a plus aucun sens rationnel.
Et il est également naturel que les natures émotionnelles mesurent la valeur d'un génie d'après les émotions qu'il leur donne. Elles sont incapables d'un

penser original personnel, mais, par contre, leur
activité cérébrale automatique organisée peut être
très acceptable. Leur conscience n'est donc pas rem-
plie de claires représentations, mais de ces images
demi-obscures et confuses décrites à diverses reprises
ici, sous la forme desquelles l'activité automatique
des centres cérébraux est perçue par la conscience.
Le génie véritable, c'est-à-dire le génie de jugement,
réclame de leurs centres suprêmes un travail inconscient, non organisé, non hérité, et ils ne peuvent
l'accomplir. Le génie de jugement n'existe donc
même pas pour eux. Le pseudo-génie émotionnel, au
contraire, excite l'activité automatique de leurs centres
et est en conséquence perçu par eux ; il est pour eux
une source de sensations, et comme on mesure la
vie d'après son contenu de sensations, le génie émotionnel est pour eux directement un auguste dispen-
sateur de vie. Les femmes (et les hommes qui leur
sont assimilables par le développement intellectuel)
estimeront donc toujours un artiste plus qu'un penseur et un chercheur, et, parmi les artistes, le plus
haut à leurs yeux est tout naturellement le musicien, parce que les émotions que la musique leur
donne excitent aussi les centres sexuels, et sont par là
les plus profondes et les plus agréables. Le peintre
aussi et même le comédien occuperont à leurs yeux
une très haute place : le premier, parce que son art
n'excite nulle activité cogitationnelle, et peut donc
être goûté par elles sans qu'elles s'imposent la

fatigue de penser ; le second, pour le même motif et pour cet autre supplémentaire, que l'effet de son activité imitatrice et incarnant des états d'âme émotionnels, s'accroît de l'effet humain de sa personnalité. Quant au poète, les natures émotionnelles, c'est-à-dire en première ligne encore les femmes, ne l'apprécieront que dans la mesure où son travail est purement émotionnel, non cogitationnel ; donc, le lyrique plus que l'épique ; celui qui décrit des faits extérieurs émouvants, plus que celui qui analyse les mouvements de l'âme. Une telle évaluation du génie ne peut naturellement faire loi pour nous. Si l'intensité des émotions excitées par lui doit décider du rang assigné au génie, l'homme devrait, par exemple, placer sa maîtresse, la femme son amant, au-dessus de n'importe quel génie produit jusqu'ici par l'humanité, car il est incontestable que Juliette éveille en Roméo, et Léandre en Héro, des sensations plus puissantes que Gœthe ou Shakespeare, Beethoven ou Mozart, pour ne pas parler, tout naturellement, de Kant ou de Laplace, de Jules César ou de Bismarck. Et je crois aussi que si l'on interrogeait ces intéressants couples, ils n'hésiteraient pas à déclarer leur Juliette ou leur Léandre le plus sublime de tous les génies imaginables dans le passé, le présent et l'avenir.

Ce n'est donc pas l'effet d'une personnalité sur d'autres qui est la mesure de son importance, car cet effet est tout différent selon que les êtres humains

sur lesquels il s'exerce sont plus ou moins développés, plus ou moins cogitationnels ; c'est le caractère
plus ou moins exclusivement humain des centres
cérébraux dont le développement extraordinaire est
le substratum psycho-physique de la personnalité
intellectuelle. Et comme le centre cérébral le plus
haut et le plus humain est le centre de jugement, le
développement du jugement seul donne un vrai génie,
qui ensuite, il est vrai, a besoin aussi d'un développement de volonté correspondant, pour rendre sensoriellement perceptible à d'autres le travail de son
centre de jugement. Le génie de jugement est jusqu'à présent le dernier mot de la perfection humaine.
Si l'évolution organique de l'humanité ira plus loin
encore et quelle direction elle prendra, c'est ce que
pourrait tout au plus deviner un grand génie de
jugement, grâce à sa faculté de conclure, des faits
donnés, aux faits les plus éloignés dans l'espace et
dans le temps.

TABLE DES MATIÈRES

ÉVREUX, IMPRIMERIE DE CHARLES HÉRISSEY

Progrès Médical. — On voit, en somme, qu'en dépit des légères critiques, d'ordre plutôt technique, que la tentative réalisée par cette œuvre intéressante nous a inspirées, il s'agit d'une étude hardie, pleine d'aperçus originaux, dans laquelle ne manqueront pas de se complaire les médecins et les penseurs à qui une voie de recherches attachantes est ainsi ouverte. Paul BLOCQ.

Annales Médico-Psychologiques. — L'œuvre de M. Nordau est d'une lecture attachante. Nous avons déjà parlé de l'immense érudition de l'auteur ; nous ajouterons aussi qu'il est un écrivain d'une grande clarté ; son style précis, plein de verve, ne fatigue jamais ; s'il est quelquefois d'une brutalité voulue, — M. Nordau appelant volontiers « un chat un chat et Rollet un fripon », — il s'élève aussi à une éloquence sincère pleine de cet amour du progrès qui a inspiré son œuvre.

Ant. RITTI.

République Française — M. Aug. Dietrich vient de traduire excellemment, en français, un ouvrage de M. Max Nordau, intitulé *Dégénérescence*, qui a de quoi vivement nous intéresser et qui, en effet, produit une certaine sensation dans le monde qui lit.

L'écrivain allemand s'efforce d'appliquer dans le domaine de l'art et de la littérature les théories de Lombroso, en employant, pour ce qu'il considère comme des tares intellectuelles, les procédés d'analyse et la méthode de déduction dont le savant italien avait fait usage pour les tares physiques, Et c'est la France qui lui a fourni son champ d'expériences, ou, pour mieux dire, l'asile d'aliénés où il a pris de préférence les exemples à l'appui de sa thèse...

MM. G. Larroumet dans la *Vie contemporaine*, René Doumic dans la *Revue des Deux Mondes*, J. Bourdeau dans les *Débats*, Magnard dans le *Figaro*, Yves Guyot dans le *Siècle*, L. Arréat dans la *Revue Philosophique*, Ed. Petit dans l'*Echo de la Semaine*, ont également consacré de longues études à cet ouvrage.

LES

MENSONGES CONVENTIONNELS

DE NOTRE CIVILISATION

Un vol. in-8°, nouvelle édition. . . . . **5 fr.**

Dans ce livre, l'auteur entend reproduire fidèlement la manière de voir de la majorité des hommes instruits de notre époque. Chacun est persuadé que notre organisation politique et sociale n'est conforme ni à la saine raison ni aux données fournies par la science, mais chacun aussi est persuadé qu'il est prudent et habile de se conformer aux usages, d'observer les dehors, lors même que, dans son for intérieur, on a complètement rompu avec tout cela. On ne veut froisser personne, ni blesser aucun préjugé. C'est ce manque de courage viril et de sincérité que dénonce Max Nordau.

Les mensonges : religieux, monarchique, aristocratique, politique, économique, matrimonial, etc., sont successivement examinés par lui et passés au crible de sa critique.

PARADOXES PSYCHOLOGIQUES

Un vol. in-12, deuxième édition. **2 fr. 50**

Max Nordau revendique les droits du sens commun et des traditions littéraires et artistiques.

Sous les titres suivants, qui forment autant de chapitres de ce volume : *Matière de la littérature de fiction — Contribution à l'histoire naturelle de l'amour — Esthétique évolutionniste — Optimisme ou pessimisme — Symétrie — Généralisation — Où est la vérité*, l'auteur continue sa lutte courageuse contre des tendances qu'il considère comme néfastes pour l'avenir.

PARADOXES SOCIOLOGIQUES

Un vol. in-12. . . . . **2 fr. 50**

Ce livre est encore une attaque, conduite avec la verve habituelle à l'auteur, contre les lieux communs qui courent le monde et ne sont pas plus en rapport avec les idées actuelles qu'avec les idées futures. Les chapitres qui le composent : *Regard en arrière — Succès — Suggestion — L'État destructeur des caractères — Nationalité — Regard en avant,* suggéreront à chacun des idées nouvelles sur les problèmes sociologiques qui agitent actuellement le monde entier.

PSYCHO-PHYSIOLOGIE
DU GÉNIE ET DU TALENT

Un vol. in-12. . . . . **2 fr. 50**

Envoi franco contre mandat-poste.

Mai 1896

ANCIENNE LIBRAIRIE GERMER BAILLIÈRE ET Cⁱᵉ

FÉLIX ALCAN, ÉDITEUR

108, Boulevard Saint-Germain, 108, Paris

EXTRAIT DU CATALOGUE

SCIENCES — MÉDECINE — HISTOIRE — PHILOSOPHIE

BIBLIOTHÈQUE SCIENTIFIQUE INTERNATIONALE

Volumes in-8 en élégant cartonnage anglais. — Prix : 6 fr.

83 VOLUMES PARUS

1. J. TYNDALL. Les glaciers et les transformations de l'eau, 6ᵉ éd., illustré.
2. W. BAGEHOT. Lois scientifiques du développement des nations, 3ᵉ édition.
3. J. MAREY. La machine animale, locomotion terrestre et aérienne, 5ᵉ édition, illustré.
4. A. BAIN. L'esprit et le corps considérés au point de vue de leurs relations, 5ᵉ édition.
5. PETTIGREW. La locomotion chez les animaux, 2ᵉ éd., ill.
6. HERBERT SPENCER. Introd. à la science sociale, 11ᵉ édit.
7. OSCAR SCHMIDT. Descendance et darwinisme, 6ᵉ édition.
8. H. MAUDSLEY. Le crime et la folie, 6ᵉ édition.
9. VAN BENEDEN. Les commensaux et les parasites dans le règne animal, 3ᵉ édition, illustré.
10. BALFOUR STEWART. La conservation de l'énergie, 5ᵉ édition, illustré.
11. DRAPER. Les conflits de la science et de la religion, 9ᵉ éd.
12. Léon DUMONT. Théorie scientifique de la sensibilité, 4ᵉ éd.
13. SCHUTZENBERGER. Les fermentations, 6ᵉ édition, illustré.
14. WHITNEY. La vie du langage, 3ᵉ édition.
15. COOKE et BERKELEY. Les champignons, 4ᵉ éd., illustré.
16. BERNSTEIN. Les sens, 4ᵉ édition, illustré.
17. BERTHELOT. La synthèse chimique, 6ᵉ édition,
18. VOGEL. La photographie et la chimie de la lumière (épuisé).
19. LUYS. Le cerveau et ses fonctions, 7ᵉ édition, illustré.
20. W. STANLEY JEVONS. La monnaie et le mécanisme de l'échange, 5ᵉ édition.
21. FUCHS. Les volcans et les tremblements de terre, 5ᵉ éd.
22. GÉNÉRAL BRIALMONT. La défense des États et les camps retranchés, 3ᵉ édition, avec fig.
23. A. DE QUATREFAGES. L'espèce humaine, 11ᵉ édition.
24. BLASERNA et HELMHOLTZ. Le son et la musique, 4ᵉ éd.
25. ROSENTHAL. Les muscles et les nerfs, 3ᵉ édition (épuisé).
26. BRUCKE et HELMHOLTZ. Principes scientifiques des beaux-arts, 3ᵉ édition, illustré.
27. WURTZ. La théorie atomique, 7ᵉ édition.
28-29. SECCHI (Le Père). Les étoiles, 3ᵉ édition, illustré.

MÉDECINE ET SCIENCES

COLLECTION MÉDICALE

ÉLÉGANTS VOLUMES IN-12, CARTONNÉS A L'ANGLAISE, A 4 ET A 3 FRANCS

17 volumes publiés

Le Phtisique et son traitement hygiénique, par le Dʳ E.-P. Léon-Petit, médecin de l'hôpital d'Ormesson, avec 20 gravures. 4 fr.

Hygiène de l'alimentation dans l'état de santé et de maladie, par le Dʳ J. Laumonier, avec gravures. 4 fr.

L'alimentation des nouveau-nés, *Hygiène de l'allaitement artificiel,* par le Dʳ S. Icard, avec 60 gravures. 4 fr.

L'hygiène sexuelle et ses conséquences morales, par le Dʳ S. Ribbing, professeur à l'Université de Lund (Suède). 4 fr.

Hygiène de l'exercice chez les enfants et les jeunes gens, par le Dʳ F. Lagrange, lauréat de l'Institut. 4ᵉ édit. 4 fr.

De l'exercice chez les adultes, par le Dʳ F. Lagrange. 2ᵉ édition. 4 fr.

Hygiène des gens nerveux, par le Dʳ Levillain. 3ᵉ édition, avec gravures. 4 fr.

L'idiotie. *Psychologie et éducation de l'idiot,* par le Dʳ J. Voisin, médecin de la Salpêtrière, avec gravures. 4 fr.

La famille névropathique, *Hérédité, prédisposition morbide, dégénérescence,* par le Dʳ Ch. Féré, médecin de Bicêtre, avec gravures. 4 fr.

L'éducation physique de la jeunesse, par A. Mosso, professeur à l'Université de Turin. Préface de M. le Commandant Legros. 4 fr.

Manuel de percussion et d'auscultation, par le Dʳ P. Simon, professeur à la Faculté de médecine de Nancy, avec grav. 4 fr.

Éléments d'anatomie et de physiologie générale et obstétricale, par le Dʳ A. Pozzi, professeur à l'école de médecine de Reims, avec 219 gravures. 4 fr.

Le traitement des aliénés dans les familles, par le Dʳ Féré, médecin de Bicêtre. 2ᵉ édition. 3 fr.

Petit manuel d'antisepsie et d'asepsie chirurgicales, par les Dᵣˢ Félix Terrien, professeur à la Faculté de médecine de Paris, membre de l'Académie de médecine, et M. Péraire, ancien interne des hôpitaux, assistant de consultation chirurgicale à l'hôpital Bichat, avec gravures. 3 fr.

Petit manuel d'anesthésie chirurgicale, par les mêmes, avec 37 gravures. 3 fr.

L'opération du trépan, par les mêmes, avec 222 grav. 4 fr.

Manuel d'hydrothérapie, par le Dʳ Macario. 3 fr.

————

A. — Pathologie et thérapeutique médicales.

AXENFELD et HUCHARD. **Traité des névroses.** 2ᵉ édition, par Henri Huchard. 1 fort vol. gr. in-8. 20 fr.

BARTELS. **Les maladies des reins,** avec notes de M. le prof. Lépine. 1 vol. in-8, avec fig. 7 fr. 30

BOUCHARDAT. **De la glycosurie ou diabète sucré,** son traitement hygiénique, 2ᵉ édition. 1 vol. grand in-8, suivi de notes et documents sur la nature et le traitement de la goutte, la gravelle urique, sur l'oligurie, le diabète insipide avec excès d'urée, l'hippurie, la pimélorrhée, etc. 15 fr.

BOUCHUT et DESPRÉS. **Dictionnaire de médecine et de thérapeutique médicales et chirurgicales,** comprenant le résumé de la médecine et de la chirurgie, les indications thérapeutiques de chaque maladie, la médecine opératoire, les accouchements, l'oculistique, l'odontotechnie, les maladies d'oreilles, l'électrisation, la matière médicale, les eaux minérales, et un formulaire spécial pour chaque maladie. 6ᵉ édition, 1895, très augmentée. 1 vol. in-4, avec 1001 fig. dans le texte et 3 cartes. Br. 25 fr.; relié. 30 fr.

CHARCOT. **Clinique des maladies du système nerveux.** 2 vol. in-8, chacun séparément. 12 fr.

CORNIL et BABES. **Les bactéries et leur rôle dans l'anatomie et l'histologie pathologiques des maladies infectieuses.** 2 vol. in-8, avec 350 fig. dans le texte en noir et en couleurs et 12 pl. hors texte, 3ᵉ éd. entièrement refondue, 1890. 40 fr.

DAMASCHINO. **Leçons sur les maladies des voies digestives.** 1 vol. in-8, 3ᵉ tirage, 1888. 14 fr.

DAVID. **Les microbes de la bouche.** 1 vol. in-8 avec gravures en noir et en couleurs dans le texte. 10 fr.

DÉJERINE-KLUMPKE (Mᵐᵉ). **Des polynévrites et des paralysies et atrophies saturnines.** 1 vol. in-8. 1889. 6 fr.

DESPRES. **Traité théorique et pratique de la syphilis,** ou infection purulente syphilitique. 1 vol. in-8. 7 fr.

DUCKWORTH (Sir Dyce). **La goutte,** son traitement. Trad. de l'anglais par le Dʳ Rodet. 1 vol. gr. in-8 avec gr. dans le texte. 10 fr.

DURAND-FARDEL. **Traité des eaux minérales** de la France et de l'étranger, et de leur emploi dans les maladies chroniques, 3ᵉ édition. 1 vol. in-8. 10 fr.

DURAND-FARDEL. **Traité pratique des maladies des vieillards**, 2e édition. 1 fort vol. gr. in-8. 5 fr.

FÉRÉ (Ch.). **Les épilepsies et les épileptiques.** 1 vol. gr. in-8 avec 12 planches hors texte et 67 grav. dans le texte. 1890. 20 fr.

FÉRÉ (Ch.). **Le traitement des aliénés dans les familles.** 1 vol. in-18. 2e éd.; cart. à l'anglaise. 3 fr.

FÉRÉ (Ch.). **La famille névropathique.** 1 vol. in-12, cartonné à l'anglaise, avec gravures. 1894. 4 fr.

FÉRÉ (Ch.). **La pathologie des émotions.** 1 vol. in-8. 1893. 12 fr.

FINGER (E.). **La blennorrhagie et ses complications.** 1 vol. gr. in-8 avec 36 grav. et 7 pl. hors texte. Traduit de l'allemand par le docteur HOGGE. 1894. 12 fr.

FINGER (E.). **La syphilis et les maladies vénériennes,** trad. de l'all. avec notes par les Drs SPILLMANN et DOYON. 1 vol. in-8, avec 5 planches hors texte. 1895. 12 fr.

HÉRARD, CORNIL ET HANOT. **De la phtisie pulmonaire,** 1 vol. in-8, avec fig. dans le texte et pl. coloriées. 2e éd. 20 fr.

ICARD (S.). **La femme pendant la période menstruelle.** Étude de psychologie morbide et de médecine légale. In-8. 6 fr.

KUNZE. **Manuel de médecine pratique.** In-18. 1 fr. 50

LANCEREAUX. **Traité historique et pratique de la syphilis.** 2e édit. 1 vol. gr. in-8, avec fig. et planches color. 17 fr.

MARVAUD (A.). **Les maladies du soldat,** étude étiologique, épidémiologique et prophylactique. 1 vol. grand in-8. 1894. 20 fr.
Ouvrage couronné par l'Académie des sciences.

MAUDSLEY. **La pathologie de l'esprit.** 1 vol. in-8. 10 fr.

MURCHISON. **De la fièvre typhoïde.** In-8, avec figures dans le texte et planches hors texte. 3 fr.

NIEMEYER. **Éléments de pathologie interne et de thérapeutique,** traduit de l'allemand, annoté par M. CORNIL. 3e édit. franç., augmentée de notes nouvelles. 2 vol. in-8. 4 fr. 50

ONIMUS ET LEGROS. **Traité d'électricité médicale.** 1 fort vol. in-8, avec 275 figures dans le texte. 2e édition. 17 fr.

RILLIET ET BARTHEZ. **Traité clinique et pratique des maladies des enfants.** 3e édit., refondue et augmentée, par BARTHEZ et A. SANNÉ. Tome I, 1 fort vol. gr. in-8. 16 fr.
Tome II, 1 fort vol. gr. in-8. 14 fr.
Tome III terminant l'ouvrage, 1 fort vol. gr. in-8. 25 fr.

SIMON (Paul). **Conférences cliniques sur la tuberculose des enfants.** 1 vol. in-8. 1893. 3 fr.

SPRINGER. **La croissance.** Son rôle dans la pathologie infantile. 1 vol. in-8. 6 fr.

TAYLOR. **Traité de médecine légale,** traduit sur la 7e édition anglaise, par le Dr HENRI COUTAGNE. 1 vol. gr. in-8. 4 fr. 50

B. — Pathologie et thérapeutique chirurgicales.

ANGER (Benjamin). **Traité iconographique des fractures et luxations.** 1 fort volume in-4, avec 100 planches coloriées, et 127 gravures dans le texte. 2e tirage. Relié. 150 fr.

BERGER (P.). **Résultats de l'examen de dix mille observations de hernies.** 1 vol. in-8. 1895. 4 fr.

BILLROTH ET **WINIWARTER. Traité de pathologie et de clinique chirurgicales générales,** 2ᵉ édit. d'après la 10ᵉ édit. allemande. 1 fort vol. gr. in-8, avec 180 fig.   20 fr.

CHIPAULT (A.). Études de chirurgie médullaire, historique, médecine opératoire, traitement. In-8, avec 66 grav. et 2 planches hors texte.   15 fr.

Congrès français de chirurgie. Mémoires et discussions, publiés par MM. Pozzi, secrétaire général, et Picqué, secrétaire général adjoint.

1ʳᵉ, 2ᵉ et 3ᵉ sessions : 1885, 1886, 1888, 3 forts vol. gr. in-8, avec fig., chacun, 14 fr. — 4ᵉ session : 1889, 1 fort vol. gr. in-8, avec fig., 14 fr. — 5ᵉ session : 1891, 1 fort vol. gr. in-8, avec fig., 14 fr. — 6ᵉ session : 1892, 1 fort vol. gr. in-8, avec fig. 16 fr. — 7ᵉ session : 1893, 1 fort vol. gr. in-8, 18 fr. — 8ᵉ session : 1894, 1 fort vol. grand in-8, 20 fr. — 9ᵉ session : 1 vol. grand in-8.   25 fr.

DELORME. Traité de chirurgie de guerre. 2 vol. gr. in-8.
Tome I, avec 95 grav. dans le texte et 1 pl. hors texte.   16 fr.
Tome II, terminant l'ouvrage, avec 400 grav. dans le texte   26 fr.
Ouvrage couronné par l'Académie des sciences.

FRITSCH. Traité clinique des opérations obstétricales, traduit de l'allemand par le docteur Stas. 1 vol. gr. in-8, avec 90 gravures en noir et en couleurs.   10 fr.

JAMAIN ET **TERRIER. Manuel de pathologie et de clinique chirurgicales.** 3ᵉ édition. Tome I, 1 fort vol. in-18. 8 fr. — Tome II, 1 vol. in-18. 8 fr. — Tome III, avec la collaboration de MM. Broca et Hartmann, 1 vol. in-18. 8 fr. — Tome IV, avec la collaboration de MM. Broca et Hartmann, 1 vol. in-18.   8 fr.

LIEBREICH. Atlas d'ophtalmoscopie, représentant l'état normal et les modifications pathologiques du fond de l'œil vues à l'ophtalmoscope. 3ᵉ édition, atlas in-fᵒ de 12 planches.   40 fr.

MAC CORMAC. Manuel de chirurgie antiseptique, traduit de l'anglais par M. le docteur Luraud. 1 fort vol. in-8.   2 fr.

MALGAIGNE ET **LE FORT. Manuel de médecine opératoire.** 9ᵉ édit. 2 vol. gr. in-18, avec nombreuses fig. dans le texte. 16 fr.

NÉLATON. Éléments de pathologie chirurgicale, par A. Nélaton, membre de l'Institut, professeur de clinique à la Faculté de médecine, etc. Ouvrage complet en 6 volumes.
Seconde édition, complètement remaniée, revue par les Dʳˢ Jamain, Péan, Després, Gillette et Hosteloup, chirurgiens des hôpitaux. 6 forts vol. gr. in-8, avec 795 figures dans le texte.   32 fr.

NIMIER ET **DESPAGNET. Traité élémentaire d'ophtalmologie.** 1 fort vol. gr. in-8, avec 432 gr. Cart. à l'angl. 1894. 20 fr.

PAGET (sir James). Leçons de clinique chirurgicale, trad. par L.-H. Petit, et introd. du prof. Verneuil. 1 vol. gr. in-8.   8 fr.

PÉAN. Leçons de clinique chirurgicale, professées à l'hôpital Saint-Louis, de 1876 à 1880. Tomes II à IV, 3 vol. in-8, avec fig. et pl. coloriées. Chaque vol. séparément.   20 fr.
Tomes V, VI, VII, VIII et IX, années 1881-82, 1883-84, 1885-86, 1887-88, 1889-90, 5 vol. in-8. Chacun. 25 fr. Le tome Iᵉʳ est épuisé.

REBLAUB. Des cystites non tuberculeuses chez la femme. 1892. 1 vol. in-8.   4 fr.

RICHARD. **Pratique journalière de la chirurgie.** 1 vol. gr. in-8, avec 215 fig. dans le texte. 2e édit. 5 fr.

SOELBERG-WELLS. **Traité pratique des maladies des yeux.** 1 fort vol. gr. in-8, avec figures. 4 fr. 50

TERRIER. **Éléments de pathologie chirurgicale générale.**
1er fascicule : *Lésions traumatiques et leurs complications.* 1 vol. in-8. 7 fr.
2e fascicule : *Complications des lésions traumatiques. Lésions inflammatoires.* 1 vol. in-8. 6 fr.

TERRIER et BAUDOUIN. **De l'hydronéphrose intermittente,** 1892. 1 vol. in-8. 5 fr.

TERRIER et PÉRAIRE. **Manuel de petite chirurgie de Jamain,** 7e éd. refondue, 1893. 1 vol. in-18, avec gr. Cart. à l'angl. 8 fr.

VIRCHOW. **Pathologie des tumeurs,** cours professé à l'université de Berlin, traduit de l'allemand par le docteur ARONSSOHN. — Tome I, 1 vol. gr. in-8, avec 106 fig. 3 fr. 75. — Tome II, 1 vol. gr. in-8, avec 74 fig. 3 fr. 75. — Tome III, 1 vol. gr. in-8, avec 49 fig. 3 fr. 75. — Tome IV (1er fascicule), 1 vol. gr. in-8, avec figures. 1 fr. 50

C. — Thérapeutique. Pharmacie. Hygiène.

BOUCHARDAT. **Nouveau formulaire magistral,** précédé d'une Notice sur les hôpitaux de Paris, de généralités sur l'art de formuler, suivi d'un Précis sur les eaux minérales naturelles et artificielles, d'un Mémorial thérapeutique, de notions sur l'emploi des contrepoisons et sur les secours à donner aux empoisonnés et aux asphyxiés. 1896, 31e édition, revue et corrigée. 1 vol. in-18, broché, 3 fr. 50; cartonné, 4 fr.; relié. 4 fr. 50

BOSSU. **Petit compendium médical,** quintessence de médecine usuelle, pathologie et thérapeutique. 4e éd. 1896, 1 vol. in-32, cart. à l'anglaise. 1 fr. 25

BOUCHARDAT et DESOUBRY. **Formulaire vétérinaire,** contenant le mode d'action, l'emploi et les doses des médicaments. 5e édit. 1 vol. in-18, br. 3 fr. 50; cart. 4 fr., relié. 4 fr. 50

BOUCHARDAT. **De la glycosurie ou diabète sucré,** son traitement hygiénique. 2e édition. 1 vol. grand in-8, suivi de notes et documents sur la nature et le traitement de la goutte, la gravelle urique, sur l'oligurie, le diabète insipide avec excès d'urée, l'hippurie, la pimélorrhée, etc. 15 fr.

BOUCHARDAT. **Traité d'hygiène publique et privée,** basée sur l'étiologie. 1 fort vol. gr. in-8. 3e édition, 1887. 18 fr.

LAGRANGE (F.). **La médication par l'exercice.** 1 vol. grand in-8, avec 68 grav. et une carte. 1894. 12 fr.

WEBER. **Climatothérapie,** traduit de l'allemand par les docteurs DOYON et SPILLMANN. 1 vol. in-8. 1886. 6 fr.

Manuel d'hygiène athlétique à l'usage des lycéens et des jeunes gens des associations athlétiques. 1 élégant vol. in-32. 50 c.

D. — Anatomie. Physiologie. Histologie.

ALAVOINE. Tableaux du système nerveux. Deux grands tableaux avec figures. 1 fr. 50

BAIN (Al.). Les sens et l'intelligence, traduit de l'anglais par M. Cazelles. 1 vol. in-8. 10 fr.

BASTIAN (Charlton). Le cerveau, organe de la pensée, chez l'homme et chez les animaux. 2 vol. in-8, avec 184 figures dans le texte. 12 fr.

BELZUNG. Anatomie et physiologie animales. 1 fort vol. in-8 avec 522 gravures dans le texte. 5e éd., revue. 6 fr., cart. 7 fr.

BÉRAUD (B.-J.). Atlas complet d'anatomie chirurgicale topographique, pouvant servir de complément à tous les ouvrages d'anatomie chirurgicale, composé de 109 planches représentant plus de 200 figures gravées sur acier, avec texte explicatif. 1 fort vol. in-4.
Prix : fig. noires, relié, 60 fr. — Fig. coloriées, relié, 120 fr.

BERNARD (Claude). Leçons sur les propriétés des tissus vivants, avec 94 fig. dans le texte. 1 vol. in-8. 2 fr. 50

BERNSTEIN. Les sens. 1 vol. in-8, avec fig. 3e édit., cart. 6 fr.

BURDON-SANDERSON, FOSTER ET BRUNTON. Manuel du laboratoire de physiologie, traduit de l'anglais par M. MOQUIN-TANDON. 1 vol. in-8, avec 184 fig. dans le texte. 7 fr.

DEBIERRE. Atlas d'ostéologie, comprenant les articulations des os et les insertions musculaires, 1 vol. in-4, contenant 253 gravures en noir et en couleurs, cart. toile dorée. 12 fr.

DEBIERRE. La moelle épinière et l'encéphale, avec applic. physiol. et médico-chirurg. 1 vol. in-8, avec 242 fig. en noir et en couleurs. 1893. 12 fr.

DEBIERRE. Traité élémentaire d'anatomie de l'homme. Anatomie descriptive et dissection, avec notions d'organogénie et d'embryologie générales. Ouvrage complet en 2 volumes. 40 fr.
Tome I, *Manuel de l'amphithéâtre,* 1 vol. in-8 de 950 pages avec 450 figures en noir et en couleurs dans le texte. 1890. 20 fr.
Tome II et dernier : 1 vol. in-8 avec 515 figures en noir et en couleurs dans le texte. 20 fr.
Ouvrage couronné par l'Académie des sciences.

DEBIERRE ET DOUMER. Vues stéréoscopiques des centres nerveux. 48 planches photographiques avec un album. 20 fr.

DEBIERRE ET DOUMER. Album des centres nerveux. 1 fr. 50

DUVAL (Mathias). Le placenta des rongeurs. 1 vol. in-4, avec atlas de 22 planches en taille douce. 40 fr.

DUVAL (Mathias). Le placenta des carnassiers. 1 vol. in-4, avec atlas de 13 planches en taille douce. 25 fr.

FAU. Anatomie des formes du corps humain, à l'usage des peintres et des sculpteurs. 1 atlas in-folio de 25 planches. Prix : fig. noires, 15 fr. — Fig. coloriées. 30 fr.

FERRIER. Les fonctions du cerveau. 1 v. in-8, avec 68 fig. 3 fr.

F. LAGRANGE. Physiologie des exercices du corps. Couronné par l'Institut. 6e édit. 1 vol. in-8, cart. 6 fr.

LABORDE. **Les tractions rythmées de la langue**, traitement physiologique de la mort. 1 vol. in-12. 1894.   3 fr. 50

LEYDIG. **Traité d'histologie comparée de l'homme et des animaux.** 1 fort vol. in-8, avec 200 figures.   4 fr. 50

LONGET. **Traité de physiologie.** 3e édition, 3 vol. gr. in-8, avec figures.   12 fr.

MAREY. **Du mouvement dans les fonctions de la vie.** 1 vol. in-8, avec 200 figures dans le texte.   3 fr.

PREYER. **Éléments de physiologie générale.** Traduit de l'allemand par M. J. Soury. 1 vol. in-8.   5 fr.

PREYER. **Physiologie spéciale de l'embryon.** 1 vol. in-8, avec figures et 9 planches hors texte.   7 fr. 50

RICHET (Ch.). **Dictionnaire de physiologie.** 3 vol. grand in-8. Tome premier, 1 vol. 1895.   24 fr.

E. — Physique. Chimie. Histoire naturelle.

AGASSIZ. **De l'espèce et des classifications en zoologie.** 1 vol. in-8, cart.   5 fr.

BERTHELOT. **La synthèse chimique.** 1 vol. in-8 ; 6e édit., cart.   6 fr.

BERTHELOT. **La révolution chimique, Lavoisier.** 1 vol. in-8, cart.   6 fr.

COOKE et BERKELEY. **Les champignons**, avec 110 figures dans le texte. 1 vol. in-8. 4e édition, cart.   6 fr.

DAUBRÉE. **Les régions invisibles du globe et des espaces célestes.** 1 vol. in-8 avec gravures. 2e édit. Cart.   6 fr.

GRIMAUX. **Chimie organique élémentaire.** 7e édit. 1 vol. in-18, avec figures.   5 fr.

GRIMAUX. **Chimie inorganique élémentaire.** 7e édit., 1 vol. in-18, avec figures.   5 fr.

HERBERT SPENCER. **Principes de biologie**, traduit de l'anglais par M. C. Cazelles. 2 vol. in-8.   20 fr.

HUXLEY. **La physiographie**, introduction à l'étude de la nature. 1 vol. in-8 avec 128 grav. et 2 pl. hors texte. 2e éd.   8 fr.

LUBBOCK. **Origines de la civilisation**, état primitif de l'homme et mœurs des sauvages modernes, traduit de l'anglais. 3e édition. 1 vol. in-8, avec fig. Broché, 15 fr. — Relié.   18 fr.

LUBBOCK. **L'homme préhistorique.** 2 vol. in-8 avec 228 gravures dans le texte, cart.   12 fr.

PISANI (F.). **Traité pratique d'analyse chimique qualitative et quantitative**, à l'usage des laboratoires de chimie. 1 vol. in-12. 4e édit., augmentée d'un traité d'*analyse au chalumeau*.   3 fr. 50

PISANI et DIRVELL. **La chimie du laboratoire.** 1 vol. in-12, 2e éd. revue, avec grav.   4 fr.

THÉVENIN (E.). **Dictionnaire abrégé des sciences physiques et naturelles**, revu par H. de Varigny. 1 volume in-18 de 430 pages, cartonné à l'anglaise. . . . .   5 fr.

BIBLIOTHÈQUE
D'HISTOIRE CONTEMPORAINE

Volumes in-18 à 3 fr. 50. — Volumes in-8 à 5, 7 et 12 francs. Cartonnage toile, 50 c. en plus par vol. in-18, 1 fr. par vol. in-8.

EUROPE

HISTOIRE DE L'EUROPE PENDANT LA RÉVOLUTION FRANÇAISE, par *H. de Sybel*. Traduit de l'allemand par Mlle Dosquet. 6 vol. in-8 . . 42 fr.
HISTOIRE DIPLOMATIQUE DE L'EUROPE, DE 1815 A 1878, par *Debidour*. 2 vol. in-8 . . . . 18 fr.

FRANCE

LA RÉVOLUTION FRANÇAISE, par *H. Carnot*. 1 vol. in-18. Nouv. édit. 3 50
NAPOLÉON ET LA SOCIÉTÉ DE SON TEMPS, par *P. Bondois*. 1 vol. in-8. 7 fr.
LA VIE A PARIS PENDANT UNE ANNÉE DE LA RÉVOLUTION (1791-1792), par *G. Isambert*. 1 vol. in-18. . . . . 3 fr. 50
HISTOIRE DE LA RESTAURATION, par *de Rochau*. 1 vol. in-18. . . . 3 50
HISTOIRE DE DIX ANS, par *Louis Blanc*. 5 vol. in-8. . . . . 25 »
HISTOIRE DE HUIT ANS (1840-1848), par *Elias Regnault*. 3 vol. in-18. 15 »
HISTOIRE DU SECOND EMPIRE (1848-1870), par *Taxile Delord*. 6 volumes in-8. . . . . 42 fr.
LA FRANCE POLITIQUE ET SOCIALE, par *Aug. Laugel*. 1 volume in-8. 5 fr.
LES COLONIES FRANÇAISES, par *P. Gaffarel*. 1 vol. in-8, 4ᵉ éd. . . 5 fr.
L'EXPANSION COLONIALE DE LA FRANCE, étude économique, politique et géographique sur les établissements français d'outre-mer, par *J.-L. de Lanessan*. 1 vol. in-8 avec 19 cartes hors texte. . . . . 12 fr.
L'INDO-CHINE FRANÇAISE, étude économique, politique et administrative sur *la Cochinchine, le Cambodge, l'Annam et le Tonkin* (médaille Dupleix de la Société de Géographie commerciale), par *J.-L. de Lanessan*. 1 vol. in-8, avec 5 cartes en couleurs. . . . . 15 fr.
LA COLONISATION FRANÇAISE EN INDO-CHINE, par *J.-L. de Lanessan*, 1 vol. in-12 avec cartes. . . . . 3 fr. 50
L'ALGÉRIE, par *M. Wahl*. 1 vol. in-8, 2ᵉ édition. Ouvrage couronné par l'Institut. . . . . 5 fr.
L'EMPIRE D'ANNAM ET LES ANNAMITES, par *J. Silvestre*. 1 vol. in-18 avec carte. 3 50

ANGLETERRE

HISTOIRE GOUVERNEMENTALE DE L'ANGLETERRE, DEPUIS 1770 JUSQU'A 1830, par sir *G. Cornewal Lewis*. 1 vol. in-8, traduit de l'anglais . . . 7 fr.
HISTOIRE CONTEMPORAINE DE L'ANGLETERRE, depuis la mort de la reine Anne jusqu'à nos jours, par *H. Reynald*. 1 vol. in-18. 2ᵉ éd. 3 50
LORD PALMERSTON ET LORD RUSSEL, par *Aug. Laugel*. 1 vol. in-18. 3 50

ALLEMAGNE

HISTOIRE DE LA PRUSSE, depuis la mort de Frédéric II jusqu'à la bataille de Sadowa, par *Eug. Véron*. 1 vol. in-18. 6ᵉ éd. revue par *Paul Bondois*. 3 50
HISTOIRE DE L'ALLEMAGNE, depuis la bataille de Sadowa jusqu'à nos jours, par *Eug. Véron*. 1 vol. in-18, 3ᵉ éd. continuée jusqu'en 1892, par *Paul Bondois*. 3 50
L'ALLEMAGNE ET LA RUSSIE AU XIXᵉ SIÈCLE, par *Eug. Simon*, 1 vol. in-18. . . . . 3 50

AUTRICHE-HONGRIE

HISTOIRE DE L'AUTRICHE, depuis la mort de Marie-Thérèse jusqu'à nos jours, par *L. Asseline*. 1 vol. in-18. 3ᵉ éd. 3 50

ESPAGNE

HISTOIRE DE L'ESPAGNE, depuis la mort de Charles III jusqu'à nos jours, par *H. Reynald*. 1 vol. in-18. . . . . 3 50

RUSSIE

HISTOIRE CONTEMPORAINE DE LA RUSSIE, par *M. Créhange*. 1 vol,
in-18, 2° éd. 3 50

SUISSE

HISTOIRE DU PEUPLE SUISSE, par *Daendliker*, précédée d'une Introduction
par *Jules Favre*. 1 vol. in-8. . . . .   5 fr.

AMÉRIQUE

HISTOIRE DE L'AMÉRIQUE DU SUD, par *Alf. Deberle*. 1 vol. in-18. 2° éd.   3 50
LES ÉTATS-UNIS pendant la guerre, 1861-1864, par *A. Laugel*. 1 vol.
in-18. . . . .   3 50

ITALIE

HISTOIRE DE L'ITALIE, depuis 1815 jusqu'à la mort de Victor-Emmanuel,
par *E. Sorin*. 1 vol. in-18 . . . .   3 50
BONAPARTE ET LES RÉPUBLIQUES ITALIENNES, par *P. Gaffarel*, 1 vol.
in-8. . . . .   5 fr.

TURQUIE

LA TURQUIE ET L'HELLÉNISME CONTEMPORAIN, par *V. Bérard*, 1 vol. in-18.
2° éd. *Ouvrage couronné par l'Académie française.* 3 50

Jules Barni. HISTOIRE DES IDÉES MORALES ET POLITIQUES EN FRANCE
AU XVIII° SIÈCLE. 2 vol. in-18, chaque volume 3 50
— LES MORALISTES FRANÇAIS AU XVIII° SIÈCLE. 1 vol. in-18. . . .   3 50
Émile Beaussire. LA GUERRE ÉTRANGÈRE ET LA GUERRE CIVILE. 1 vol.
in-18. . . . .   3 50
E. de Laveleye. LE SOCIALISME CONTEMPORAIN. 1 volume in-18,
9° édition, augmentée.   3 50
E. Despois. LE VANDALISME RÉVOLUTIONNAIRE. 1 vol. in-18. 2° éd.   3 50
M. Pellet. VARIÉTÉS RÉVOLUTIONNAIRES, avec une Préface de *A. Ranc.*
3 vol. in-18, chaque vol. 3 50
Eug. Spuller. FIGURES DISPARUES, portraits contemporains, littéraires
et politiques. 3 vol. in-18, chaque vol. 3 50
Eug. Spuller. HISTOIRE PARLEMENTAIRE DE LA DEUXIÈME RÉPUBLIQUE.
1 vol. in-18, 2° édit.   3 50
Eug. Spuller. L'ÉDUCATION DE LA DÉMOCRATIE. 1 vol. in-18.. .   3 50
Eug. Spuller. L'ÉVOLUTION POLITIQUE ET SOCIALE DE L'ÉGLISE. 1 vol.
in-18. . . . .   3 50
J. Bourdeau. LE SOCIALISME ALLEMAND ET LE NIHILISME RUSSE. 1 vol.
in-18. 2° édition. 3 50
G. Guéroult. LE CENTENAIRE DE 1789. Évolution politique, philoso-
phique, artistique et scientifique de l'Europe depuis cent ans. 1 vol.
in-18. . . . .   3 50
Aulard. LE CULTE DE LA RAISON ET LE CULTE DE L'ÊTRE SUPRÊME (1793-
1794). Étude historique. 1 vol. in-18. . . . .   3 50
Aulard. ÉTUDES ET LEÇONS SUR LA RÉVOLUTION FRANÇAISE. 1 vol.
in-18. . . . .   3 50
Joseph Reinach. PAGES RÉPUBLICAINES. 1 vol. in-18. . . . .   3 50
Hector Depasse. TRANSFORMATIONS SOCIALES. 1 vol. in-18 . .   3 50
Hector Depasse. DU TRAVAIL ET DE SES CONDITIONS, 1 vol.
in-18. . . . .   3 fr. 50
Eug. d'Eichthal. SOUVERAINETÉ DU PEUPLE ET GOUVERNEMENT, 1 vol.
in-18. . . . .   3 fr. 50
Weill (G.). L'ÉCOLE SAINT-SIMONIENNE, son histoire, son influence
jusqu'à nos jours. 1 vol. in-18. . . . .   3 fr. 50

BIBLIOTHÈQUE DE PHILOSOPHIE CONTEMPORAINE

125 VOLUMES IN-18.

Br., 2 fr. 50; cart. à l'angl., 3 fr.; reliés, 4 fr.

H. Taine.
Philosophie de l'art dans les Pays-Bas. 2ᵉ édition.

Paul Janet.
Le Matérialisme contemp. 6ᵉ édit.
Philosophie de la Révolution française. 5ᵉ édit.
Origines du socialisme contemporain. 3ᵉ éd.
La philosophie de Lamennais.

Alaux.
Philosophie de M. Cousin.

Ad. Franck.
Philosophie du droit pénal. 4ᵉ édit.
Des rapports de la religion et de l'État. 2ᵉ édit.
La philosophie mystique en France au XVIIIᵉ siècle.

Beaussire.
Antécédents de l'hégélianisme dans la philosophie française.

Charles de Rémusat.
Philosophie religieuse.

Charles Lévêque.
Le Spiritualisme dans l'art.

Émile Saisset.
L'âme et la vie.
Critique et histoire de la philosophie (frag. et disc.).

Auguste Laugel.
L'Optique et les Arts.
Les problèmes de la vie.
Les problèmes de l'âme.

Albert Lemoine.
Le Vitalisme et l'Animisme.

Schœbel.
Philosophie de la raison pure.

Jules Levallois.
Déisme et Christianisme.

Camille Selden.
La Musique en Allemagne.

Stuart Mill.
Auguste Comte et la philosophie positive. 4ᵉ édition.
L'Utilitarisme. 2ᵉ édition.

Mariano.
La Philosophie contemp. en Italie.

Saigey.
La Physique moderne. 2ᵉ tirage.

E. Faivre.
De la variabilité des espèces.

Ernest Bersot.
Libre philosophie.

W. de Fonvielle.
L'astronomie moderne.

Herbert Spencer.
Classification des sciences. 5ᵉ édit.
L'individu contre l'État. 4ᵉ éd.

Gauckler.
Le Beau et son histoire.

Bertauld.
L'ordre social et l'ordre moral.
De la philosophie sociale.

Th. Ribot.
La philos. de Schopenhauer. 5ᵉ éd.
Les maladies de la mémoire. 10ᵉ éd.
Les maladies de la volonté. 11ᵉ éd.
Les maladies de la personnalité. 6ᵉ éd.
La psychologie de l'attention. 3ᵉ éd.

E. de Hartmann.
La Religion de l'avenir. 4ᵉ édition.
Le Darwinisme. 5ᵉ édition.

Schopenhauer.
Le libre arbitre. 7ᵉ édition.
Le fondement de la morale. 5ᵉ édit.
Pensées et fragments. 13ᵉ édition.

Liard.
Les Logiciens anglais contemporains. 3ᵉ édition.
Définitions géométriques. 2ᵉ édit.

Marion.
J. Locke, sa vie, son œuvre. 2ᵉ édit.

O. Schmidt.
Les sciences naturelles et la philosophie de l'Inconscient.

Barthélemy-Saint Hilaire.
De la métaphysique.

A. Espinas.
Philosophie expérim. en Italie.

Conta.
Fondements de la métaphysique.

John Lubbock.
Le bonheur de vivre. 2 vol.

Maus.
La justice pénale.

P. Siciliani.
Psychogénie moderne.

Leopardi.
Opuscules et Pensées.

A. Lévy.
Morceaux choisis des philos. allem.

Reisel.
De la substance.

Zeller.
Christian Baur et l'école de Tubingue.

Stricker.
Du langage et de la musique.

Coste.
Les conditions sociales du bonheur et de la force. 3e édition.

Binet.
Psychologie du raisonnement. 2e éd.
Introd. à la psychol. expérim.

G. Ballet.
Langage intérieur et aphasie. 2e éd.

Mosso.
La peur. 2e éd.
La fatigue intellect. et phys. 2e éd.

Tarde.
La criminalité comparée. 3e éd.
Les transformations du droit. 2e éd.

Paulhan.
Les phénomènes affectifs.
J. de Maistre, sa philosophie.

Ch. Richet.
Psychologie générale. 2e éd.

Delbœuf.
Matière brute et mat. vivante.

Ch. Féré.
Sensation et mouvement.
Dégénérescence et criminalité. 2e éd.

Vianna de Lima.
L'homme selon le transformisme.

L. Arréat.
La morale dans le drame, l'épopée et le roman. 2e édition.
Mémoire et imagination.

De Roberty.
L'inconnaissable.
L'agnosticisme. 2e édit.
La recherche de l'Unité.
Auguste Comte et Herbert Spencer.
Le bien et le mal.

Bertrand.
La psychologie de l'effort.

Guyau.
La genèse de l'idée de temps.

Lombroso.
L'anthropologie criminelle. 3e éd.
Nouvelles recherches de psychiatrie et d'anthropologie criminelle.
Les applications de l'anthropologie criminelle.

Tissié.
Les rêves, physiologie et pathologie.

Thamin.
Éducation et positivisme. 2e éd.

Sighele.
La foule criminelle.

Pioger.
Le monde physique.

Queyrat.
L'imagination chez l'enfant. 2e édit.
L'abstraction, son rôle dans l'éducation intellectuelle.

Les caractères et l'éducation morale.

G. Lyon.
La philosophie de Hobbes.

Wundt.
Hypnotisme et suggestion.

Fonsegrive.
La causalité efficiente.

Carus.
La conscience du moi.

G. de Greef.
Les lois sociologiques. 2e édit.

Th. Ziegler.
La question sociale est une question morale. 2e éd.

Louis Bridel.
Le droit des femmes et le mariage.

G. Danville.
La psychologie de l'amour.

Gust. Le Bon.
Lois psychologiques de l'évolution des peuples. 2e éd.
La psychologie des foules. 2e éd.

G. Dumas.
Les états intellectuels dans la mélancolie.

E. Durkheim.
Les règles de la méthode sociologique.

P.-F. Thomas.
La suggestion, son rôle dans l'éducation intellectuelle.

Dunan.
Théorie psychol. de l'espace.

Mario Pilo.
La psychologie du beau et de l'art.

Allier.
La philosophie d'Ernest Renan.

Lange.
Les émotions. Trad. Dumas.

Lefèvre.
Obligation morale et idéalisme.

Max Nordau.
Paradoxes psychologiques. 2e éd.

Bouglé.
Les sciences sociales en Allemagne.

Joël (Mme).
La musique et la psychophysiologie.

Lechalas.
Étude sur l'espace et le temps.

Boutroux.
Conting. des lois de la nature. 2e éd.

Dugas.
Le psittacisme.

Lachelier.
Du fondement de l'induction. 2e éd.

De Lanessan.
Morale des philosophes chinois.

160 VOLUMES IN-8.

Broché à 5, 7 50 et 10 fr.; cart. angl., 1 fr. de plus par vol.; relié, 2 fr.

Barni.
Morale dans la démocratie. 2ᵉ éd. 5 fr.

Agassiz.
De l'espèce et des classifications. 5 fr.

Stuart Mill.
Mes mémoires. 3ᵉ éd.   5 fr.
Système de logique déductive et inductive. 4ᵉ édit. 2 vol.   20 fr.
Essais sur la Religion. 2ᵉ édit. 5 fr.

Herbert Spencer.
Les premiers principes.   10 fr.
Principes de psychologie. 2 vol. 20 fr.
Principes de biologie. 2 vol.   20 fr.
Principes de sociologie. 4 vol.
         36 fr. 25
Essais sur le progrès. 5ᵉ éd. 7 fr. 50
Essais de politique. 3ᵉ éd.   7 fr. 50
Essais scientifiques. 2ᵉ éd.   7 fr. 50
De l'éducation physique, intellectuelle et morale. 10ᵉ édit.   5 fr.
Introduction à la science sociale. 11ᵉ éd.   6 fr.
Les bases de la morale évolutionniste. 5ᵉ éd.   6 fr.

Collins.
Résumé de la philosophie de Herbert Spencer. 2ᵉ éd.   10 fr.

Auguste Laugel.
Les problèmes.   7 fr. 50

Émile Saigey.
Les sciences au XVIIᵉ siècle. La physique de Voltaire.   5 fr.

Paul Janet.
Les causes finales. 3ᵉ édit.   10 fr.
Histoire de la science politique dans ses rapports avec la morale. 3ᵉ édit. augm., 2 vol.   20 fr.
Victor Cousin, son œuvre. 3ᵉ éd. 7 fr. 50

Th. Ribot.
L'hérédité psychologique. 5ᵉ édition.   7 fr. 50
La psychologie anglaise contemporaine. 3ᵉ éd.   7 fr. 50
La psychologie allemande contemporaine. 5ᵉ éd.   7 fr. 50
Psychol. des sentiments. 7 fr. 50

Alf. Fouillée.
La liberté et le déterminisme. 2ᵉ édit.   7 fr. 50
Critique des systèmes de morale contemporains. 3ᵉ éd.   7 fr. 50
La morale, l'art et la religion d'après M. Guyau. 2ᵉ éd.   3 fr. 75
L'avenir de la métaphysique fondée sur l'expérience.   5 fr.
L'évolutionnisme des idées-forces.
         7 fr. 50
La psychologie des idées-forces. 2 vol.   15 fr.
Tempérament et caractère. 7 fr. 50
Le mouvement idéaliste.   7 fr. 50
Le mouvement positiviste.   7 fr. 50

Bain (Alex.).
La logique inductive et déductive. 3ᵉ édit.   20 fr.
Les sens et l'intelligence. 3ᵉ édit.
         10 fr.
L'esprit et le corps. 5ᵉ édit.   6 fr.
La science de l'éducation. 7ᵉ éd. 6 fr.
Les émotions et la volonté.   10 fr.

Matthew Arnold.
La crise religieuse.   7 fr. 50

Flint.
La philosophie de l'histoire en Allemagne.   7 fr. 50

Liard.
La science positive et la métaphysique. 3ᵉ édit.   7 fr. 50
Descartes.   5 fr.

Guyau.
La morale anglaise contemporaine. 3ᵉ éd.   7 fr. 50
Les problèmes de l'esthétique contemporaine. 2ᵉ éd.   5 fr.
Esquisse d'une morale sans obligation ni sanction. 3ᵉ éd.   5 fr.
L'irréligion de l'avenir. 5ᵉ éd. 7 fr. 50
L'art au point de vue sociologique. 2ᵉ éd.   7 fr. 50
Hérédité et éducation. 3ᵉ éd.   5 fr.

Huxley.
Hume, sa vie, sa philosophie. 5 fr.

E. Naville.
La logique de l'hypothèse. 2ᵉ éd. 5 fr.
La physique moderne. 2ᵉ édit. 5 fr.
La définition de la philosophie. 5 fr.

Et. Vacherot.

Essais de philosophie critique. 7 fr. 50
La religion. 7 fr. 50

Marion.

La solidarité morale. 4° édit. 5 fr.

Schopenhauer.

Aphorismes sur la sagesse dans la vie. 4° édit. 5 fr.
La quadruple racine du principe de la raison suffisante. 5 fr.
Le monde comme volonté et représentation. 3 vol. 2° éd. 22 fr. 50

James Sully.

Le pessimisme. 2° éd. 7 fr. 50

Buchner.

Science et nature. 2° édition. 7 fr. 50

Egger (V.).

La parole intérieure. 5 fr.

Louis Ferri.

La psychologie de l'association, depuis Hobbes. 7 fr. 50

Maudsley.

La pathologie de l'esprit. 10 fr.

Séailles.

Essai sur le génie dans l'art. 5 fr.

Ch. Richet.

L'homme et l'intelligence. 2° éd. 10 fr.

Preyer.

Éléments de physiologie. 5 fr.
L'âme de l'enfant. 10 fr.

Wundt.

Éléments de psychologie physiologique. 2 vol., avec fig. 20 fr.

Ad. Franck.

La philosophie du droit civil. 5 fr.

Clay.

L'alternative. Contribution à la psychologie. 2° éd. 10 fr.

Bernard Perez.

Les trois premières années de l'enfant. 5° édit. 5 fr.
L'enfant de trois à sept ans. 3° éd. 5 fr.
L'éducation morale dès le berceau. 3° édit. 5 fr.
L'art et la poésie chez l'enfant. 5 fr.
Le caractère, de l'enfant à l'homme. 5 fr.

Lombroso.

L'homme criminel. 2 vol. avec atlas. 36 fr.
L'homme de génie, avec 11 pl. 10 fr.
Le crime politique et les révolutions (en collaboration avec M. LASCHI). 2 vol. 15 fr.
La femme criminelle et la prostituée (en collaboration avec M. FERRERO) avec planches hors texte. 15 fr.

Sergi.

La psychologie physiologique, avec 40 fig. 7 fr. 50

Ludov. Carrau.

La philosophie religieuse en Angleterre, depuis Locke. 5 fr.

Piderit.

La mimique et la physiognomonie, avec 95 fig. 5 fr.

Fonsegrive.

Le libre arbitre, sa théorie, son histoire. 2° éd. 10 fr.

Roberty (E. de).

L'ancienne et la nouvelle philosophie. 7 fr. 50
La philosophie du siècle. 5 fr.

Garofalo.

La criminologie. 4° édit. 7 fr. 50
La superstition socialiste. 5 fr.

G. Lyon.

L'idéalisme en Angleterre au XVIII° siècle. 7 fr. 50

Souriau.

L'esthétique du mouvement. 5 fr.
La suggestion dans l'art. 5 fr.

Fr. Paulhan.

L'activité mentale et les éléments de l'Esprit. 10 fr.
Les caractères. 5 fr.
Les types intellectuels, esprits logiques et esprits faux. 7 fr. 50

Barthélemy-Saint-Hilaire.

La philosophie dans ses rapports avec les sciences et la religion. 5 fr.

Pierre Janet.

L'automatisme psychologique. 2° édit. 7 fr. 50

Bergson.

Essai sur les données immédiates de la conscience. 3 fr. 75

E. de Laveleye.

De la propriété et de ses formes primitives. 4° édit. 10 fr.
Le gouvernement dans la démocratie. 3° éd., 2 vol. 15 fr.

Ricardou.
De l'idéal. 5 fr.

Sollier.
Psychologie de l'idiot et de l'imbécile. 5 fr.

Romanes.
L'évolution mentale chez l'homme. 7 fr. 50

Pillon.
L'année philosophique. 6 vol. 1890, 1891, 1892, 1893, 1894 et 1895. Chacun séparément. 5 fr.

Rauh.
Le fondement métaphysique de la morale. 5 fr.

Picavet.
Les idéologues. 10 fr.

Gurney, Myers et Podmore
Les hallucinations télépathiques. 2e éd. 7 fr. 50

Jaurès.
De la réalité du monde sensible. 7 fr. 50

Arréat.
Psychologie du peintre. 5 fr.

L. Proal.
Le crime et la peine. 2e éd. 10 fr.
La criminalité politique. 5 fr.

G. Hirth.
Physiologie de l'art. 5 fr.

Dewaule.
Condillac et la psychologie anglaise contemporaine. 5 fr.

Bourdon.
L'expression des émotions et des tendances dans le langage. 5 fr.

Novicow.
Les luttes entre sociétés humaines. 10 fr.
Les gaspillages des sociétés modernes. 5 fr.

Durkheim.
De la division du travail social. 7 fr. 50

Payot.
L'éducation de la volonté. 5e édit. 5 fr.
De la croyance. 5 fr.

Ch. Adam.
La philosophie en France (première moitié du XIXe siècle). 7 fr. 50

H. Oldenberg.
Le Bouddha, sa vie, sa doctrine, sa communauté. 7 fr. 50

V. Delbos.
Le problème moral dans la philosophie de Spinoza et dans le Spinozisme. 10 fr.

J. Ploger.
La vie et la pensée. 5 fr.
La vie sociale, la morale et le progrès. 5 fr.

Max Nordau.
Dégénérescence. 2 vol. 4e édition. 17 fr. 50

P. Aubry.
La contagion du meurtre. 3e édit. 5 fr.

G. Milhaud.
Les conditions et les limites de la certitude logique. 3 fr. 75

Brunschvieg.
Spinoza. 3 fr. 75

A. Godfernaux.
Le sentiment et la pensée. 5 fr.

Em. Beirne.
L'idée de phénomène. 5 fr.

L. Lévy-Bruhl.
La philosophie de Jacobi. 5 fr.

Fr. Martin.
La perception extérieure et la science positive. 5 fr.

G. Ferrero.
Les lois psychologiques du symbolisme. 5 fr.

B. Conta.
Théorie de l'ondulation universelle. 3 fr. 75

G. Tarde.
La logique sociale. 7 fr. 50
Les lois de l'imitation. 2e édition. 7 fr. 50

G. de Greef.
Le transformisme social. 7 fr. 50

Crépieux-Jamin.
L'écriture et le caractère 3e éd. 7 fr. 50

J. Izoulet.
La cité moderne. 2e éd. 10 fr.

Lang.
Mythes, cultes et religion. 10 fr.

Thouverez.
Le réalisme métaphysique. 5 fr.

EXTRAIT DU CATALOGUE

H. Taine.
Philosophie de l'art dans les Pays-Bas. 2ᵉ édit.

Paul Janet.
Le Matérialisme cont. 6ᵉ éd.
Philos. de la Rév. franç. 5ᵉ éd.
Les origines du socialisme contemporain. 3ᵉ édit.
La philosophie de Lamennais.

Ad. Franck.
Philos. du droit pénal. 4ᵉ éd.
La religion et l'État. 2ᵉ édit.
Philosophie mystique au XVIIIᵉ siècle.

Schœbel.
Philosophie de la raison pure.

Saigey.
La Physique moderne. 2ᵉ éd.

E. Faivre.
De la variabilité des espèces.

J. Stuart Mill.
Auguste Comte. 4ᵉ édit.
L'utilitarisme. 2ᵉ édit.

Ernest Bersot.
Libre philosophie.

Herbert Spencer.
Classification des scienc. 6ᵉ éd.
L'individu contre l'État. 4ᵉ éd.

Th. Ribot.
La Psych. de l'attention. 3ᵉ éd.
La Philos. de Schopen. 6ᵉ éd.
Les Mal. de la mém. 11ᵉ éd.
Les Mal. de la volonté. 11ᵉ éd.
Les Mal. de la personnalité. éd.

Hartmann (E. de).
La Religion de l'avenir. 4ᵉ éd.
Le Darwinisme. 5ᵉ édit.

Schopenhauer.
Essai sur le libre arbitre.
Fond. de la morale.
Pensées et fragments.

H. Morselli.
Locke, sa vie, son œuvre. 2ᵉ éd.

L. Liard.
Logiciens angl. contemp. 5ᵉ éd.
Définitions géomét. 4ᵉ éd.

O. Schmidt.
Les sciences naturelles et la
transformisme.

Barthélemy St-Hilaire.
De la métaphysique.

Espinas.
Philosophie expér. en Italie.

Sicilliani.
Psychogénie moderne.

Leopardi.
Opuscules et Pensées.

Zeller.
Christian Baur et l'École de Tubingue.

Stricker.
Le langage et la musique.

Ad. Coste.
Conditions sociales du bonheur
et de la force. 3ᵉ édit.

A. Binet.
La psychol. du raisonnement. 2ᵉ édition.

Gilbert Ballet.
Le langage intérieur. 2ᵉ édit.

Mosso.
La peur. 2ᵉ édit.
La fatigue. 2ᵉ édit.

G. Tarde.
La criminalité comparée. 3ᵉ éd.
Les transform. du droit. 2ᵉ éd.

Paulhan.
Les phénomènes affectifs.
J. de Maistre, sa philosophie.

Ch. Féré.
Dégénérescence et criminel.
Sensation et mouvement.

Ch. Richet.
Psychologie générale. 2ᵉ éd.

J. Delbœuf.
Matière brute et Mat. vivante.

L. Arréat.
La morale dans le drame. 2ᵉ éd.
Mémoire et imagination.

Vianna de Lima.
L'homme selon le transform.

A. Bertrand.
La Psychologie de l'effort.

Guyau.
La genèse de l'idée de temps.

Lombroso.
L'anthropol. criminelle. 3ᵉ éd.
Nouvelles recherches de psychiat. et d'anthropol. crim.
Les applications de l'anthropologie criminelle.

Guillaume de Greef.
Les lois sociologiques. 3ᵉ édit.

Gustave Le Bon.
Lois psychol. de l'évolution des peuples. 2ᵉ édit.
Psychologie des foules. 2ᵉ éd.

G. Lefèvre.
Obligat. morale et Idéalisme.

G. Dumas.
Les états intellectuels dans la mélancolie.

Durkheim.
Règles de la méthode sociolog.

P. F. Thomas.
La suggestion et l'éducation.

Duval.
Théorie psychol. de l'espace.

Mario Pilo.
Psychologie du beau et de l'art.

R. Allier.
Philosophie d'Ernest Renan.

Lange.
Les émotions.

E. Boutroux.
Contingence des lois de la nature. 2ᵉ édit.

G. Lechalas.
L'espace et le temps.

L. Dugas.
Le Psittacisme.

G. Fonsegrive.
Les sciences sociales en Allemagne.

Max Jahn.
La musique et la psychophysiologie.

Max Nordau.
Paradoxes.

J. Lachelier.
Fondement de l'induction. 2ᵉ éd.

J.-L. de Lanessan.
Morale des philos. chinois.

G. Richard.
Le socialisme et la science sociale.

P. Mignard.
Précis de logique évolutionniste.

Enrico Ferri.
Les criminels dans l'art et la littérature.

J. Novicow.
L'avenir de la race blanche.

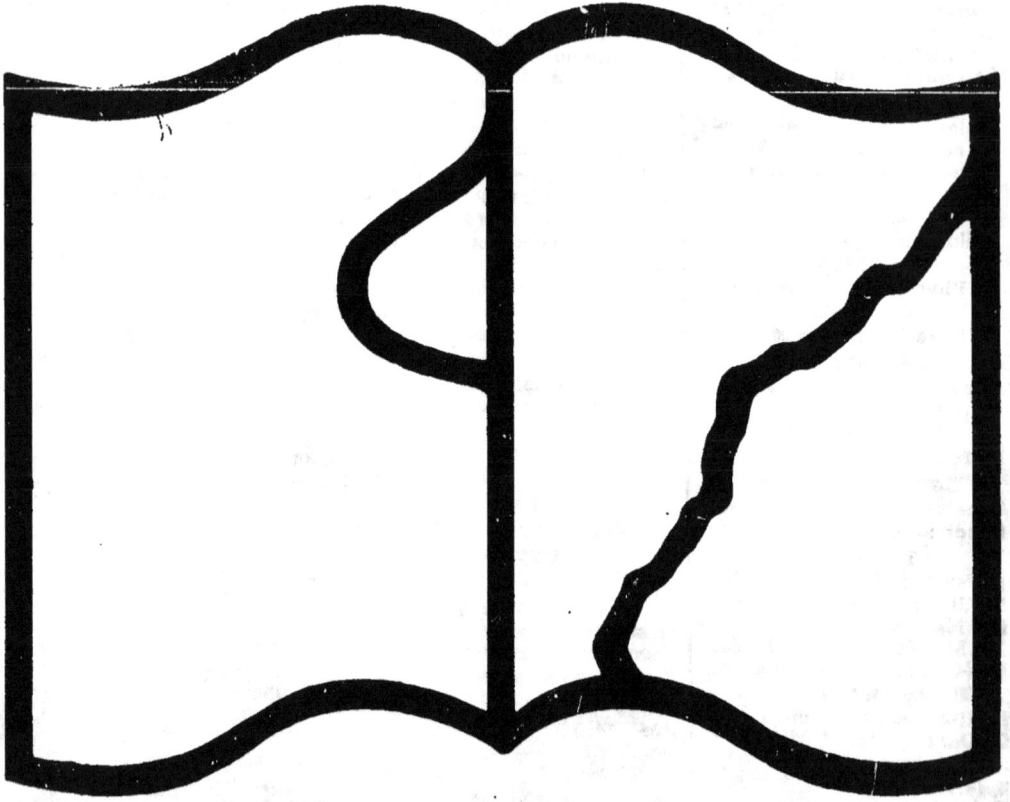

Texte détérioré — reliure défectueuse

NF Z 43-120-11

www.ingramcontent.com/pod-product-compliance
Lightning Source LLC
Chambersburg PA
CBHW072230270326
41930CB00010B/2072